巨大前方後円墳と倭国形成のプロセス

跡部 正明

Atobe Masaaki

風詠社

まえがき

古代倭国に王権と呼ばれる権力や政治機構は、いつ頃から、どのような経緯で発生したのか。王権をどう考えるかにもよるが、ヤマト王権の発生が倭国の誕生と考えるなら、考古学的には三世紀とされている。当然のことながら、当時には倭国という言葉もなく、互いに自らを何と呼び合っていたかも分からない。王権が発生するまでには、社会構造の構築があり、民族意識の高揚があり、東アジアの政治世界の一員としての外交もあったはずである。これらを先学の古代史研究成果を集め、分析し、考証して歴史の史実を明確にしたいと考えている。

古代史の研究者は考古学派と文献派に別れるようですが、相互に補完し合っているとされています。文献派の研究は文字のない時代の伝承を読み解き仮説を立てます。これを多くの人が一四〇〇年前から繰り返しています。仮説に対しては、多くの研究者が検証や反論して、さらに仮説が立てられます。文字による記録が残っておらず、遠い外国の文字化された風説を頼りに倭国形成の仮説は作られますが、これが結論だという事には至っていない。近年になって考古学が発展し、遺跡を掘り出すことにより歴史を再現させています。本論は、考古学の特に巨大前方後円墳に関する研究資料を分析して、倭国形成プロセスを系統だって考証し、史実を明確にしたいと考えている。

古墳時代中期の倭国の社会構造と政治情勢については、八世紀初頭に編纂されたとされる『日本書紀』にしか残されていない。倭国の王権は大王（天皇）と称されていたが、古代国家の形成では大王の力のみで展開されたものではなく、豪族たちの協力があり、彼らとの連合体制、合議制政治体制もあったと考えられる。豪族たちの多くは大和地域にて活動し、ヤマト王権に協力しているが、全国支配のためには地方の豪族たちの協力あるいは支配があったはずである。本論は、文献派の古代史研究文献を調べ、倭国における天皇を中心とした政治体制成立のプロセスを研究したいと考えている。

巨大前方後円墳と倭国形成のプロセス —— 目次

装幀　２ＤＡＹ

第一章　巨大前方後円墳はどのようにして造られたか

プロローグ

倭国の古墳時代の特徴として巨大前方後円墳の存在がある。墳長が約二〇〇メートルを超えるものは大王であった権威者の墓であり、ヤマト王権のあった畿内（律令時代に、大和国・山城国・河内国・和泉国・摂津国の令制五か国を指す呼称として用いられた）に集中している。しかし大王級の巨大前方後円墳は吉備や上毛野といった地方にも存在している。さらに規模を落とした約一〇〇メートル前後の前方後円墳、円墳、方墳等は畿内と地方に多数存在する。明らかに大王、大首長、首長、豪族たち権威者の存在と身分階級を示していたと考えられる。

古墳時代の埋葬制度は時期を追って変遷しているが、初期から中期においては古墳に埋葬されるのは権威者一人だけの特権であり、多くの副葬品が併葬されているのは権威者だけが神となって別世界に行ったことの霊魂観の現れであった。そして後継となった権威者は自分の権威を顕彰するために古墳を造っている。畿内では大王墓とみなされる巨大前方後円墳の築造が綿々と続いていた。しかし地方では大首長墓とみなされる巨大前方後円墳が造られるが、続くことはなかった。また首長墓とみなされる前方後円墳が造られたが地域が移動しており続くことは少なかった。明らかに畿内にあったヤマト王権の優越性を示していると考えられる。

巨大前方後円墳と中規模以下の前方後円墳、それ以外に円墳、方墳、等が造られていることは、権威者の存在を示し、協調した地域のまとまりを示すものであり、畿内の場合はヤマト王権の存在を示していたことは顕らかである。しかし、そのための手段が何故古墳であったかは分からない。古墳時代の霊魂観による、弥生時代からの祭祀につながる、霊肉分離観念による等の諸説がある。しかし、古墳がどのようにして造られたかを究明すれば、やがて古墳時代の経済、外交、風俗が解明でき、やがてヤマト王権の成立プロセスが判明すると考えられる。

本論は、古墳がどのようにして造られたかを究明する。そのためには畿内と地方の古墳の造られ方の違いを調べ、時期の経過により移動していること、前方後円墳だけが巨大化した経緯を究明する。

第一節　古墳時代の上毛野の巨大前方後円墳

はじめに

関東平野の最も奥、利根川上流の上毛野（かみつけの）の古墳文化は、三世紀に東海西部から大挙移入した集団によって開かれた。東海洋式の土器を携えた集団が、太平洋を経て、東京湾から荒川・利根川を遡上し、上毛野の未開の低湿地に定着し、田園地帯を作り上げた。やがて開発を主導する広域首長が現れ古墳が築かれるようになった。

五世紀に入ると古墳の大型化が進み、西毛では浅間山古墳（群馬県高崎市、一七二メートル）、東毛には別所茶臼山古墳（群馬県太田市、一六五メートル）が築かれた。浅間山古墳は前方後円墳であり、奈良県の佐紀陵山古墳（奈良県奈良市、二〇七メートル）の墳丘規格の五分の四で設計されている。奈良盆地北部の佐紀《さき》の大王勢力と結んだ東国の首長であったと考えられる。それまでの農業用水圏を超えた広域の首長連合が形成され、大首長が共立されるようになった社会情勢が感じられる。

太田天神山古墳の出現

そして五世紀前半頃に東日本最大の太田天神山古墳（群馬県太田市、二一〇メートル）が築かれた。同古墳は広大な二重の濠をめぐらす東日本最大の前方後円墳であり、同時期の上毛野の古墳中では群を抜いており、太田の勢力が前橋・高崎の勢力を呑み込む形で発展したことを物語っている。なお太田天神山古墳は全国では二六位であるが、築造当時では全国五位に位置づけられる。また同古墳やお富士山古墳（群馬県伊勢崎市、一二五メートル）の石棺には長持形石棺が用いられており、畿内の石工による築造が明らかである。

▲太田天神山古墳

この長持形石棺はヤマト王権特有のものである。このように太田天神山古墳は画期的な古墳であり、その墳形は畿内古市古墳群の誉田御廟山古墳（大阪府羽曳野市、四二五メートル、応神陵古墳）とは二分の一の相似形であり、大王墓の古墳規格を使用している。こうした様相から、上毛野が大きな地方連合体に発展したことが示唆されるとともに、太田天神山古墳の被葬者はヤマト王権から地位を保証されていたと考えられる。太田天神山古墳で大型化の最盛期を迎えた古墳文化であるが、以後太田市付近には大型の古墳は見られない。代わって前橋、高崎、藤岡に集中し、地域ごとに消長が見られるが、白石稲荷山古墳（群馬県藤岡市、一六五メートル）など、上毛野の各地に交互に大型古墳が林立するようになる。これら各地に豪族が割拠していたと見られるほか、古墳が交互に造営されたことから、各豪族が交互に上毛野の首長の座に就いたと考えられている。五世紀後半に至っても多くの前方後円墳が築かれた上毛野は特異的で、それ以外の地域では前方後円墳の数は大きく減少している。この減少の背景には、他地域がヤマト王権への従属度を増して円墳を造るようになったことにある。このような状況でも上毛野には前方後円墳が築かれ続けたことから、ヤマト王権が上毛野とは強い協調関係にあったと考えられている。

太田天神山古墳の背景

太田天神山古墳のような東国最大の前方後円墳が造られたのは、農業経済圏を超えて政策的な大首長の共立が行われたからであり、太田の勢力が前橋・高崎の勢力を取り込む形で大共立が実現したのに相違ない。これは地域を超越した歴史的背景があったと考えられる。

この時期は、中国吉林省集安市にある高句麗広開土王碑（四一四年建碑）の碑文に見られるように、朝鮮半島では高句麗の南下政策により百済が圧迫されていた。このため百済は倭国に支援を求め、倭軍が朝鮮半島に軍事進出して、高句麗や傘下にあった新羅と軍事対立したことは知られている。四世紀後半から五世紀前半にかけて上毛野の首長墓が大型化したのは、経済圏を超えた共立が成立し、ヤマト王権の一員として外征に参加したと考えられている。すなわち、上毛野軍を編成するために諸族長が合議し軍事指導者を選任し、国外に共同して兵を送ったと考えられる。

上毛野は一つの地域圏のように見えるが、古墳の在り方から推測すると多様性・地域性が顕著であり、決して一枚岩ではなかった。そこに蟠踞する集団がただ一度だけ大共立体制をとり、その協調の象徴として造ったのが太田天神山古墳であったと考えられる。

太田天神山古墳の被葬者

太田天神山古墳は墳長二一〇メートル、後円部直径一二〇メートル、高さ一六メートルの三段築盛の墳丘になっており、さらに馬蹄形の二重の周堀（内堀、外堀）に囲まれている。周濠を含む全域は三六四×二八八メートルに及んでいる。古墳に盛る土地を運び整地する、墳丘表面に葺石を敷き詰める、副葬品の埴輪を作成し陳列する、そしてから二重の周濠を掘り、隔離する。盛り土の量から推測すると、約一〇〇〇人の労働者を集めたとしても、四～五年はかかることになり、労働者に払う費用や生活手段を提供することを考えると莫大な財力が必要になる。

太田天神山古墳の場合は、被葬者が大首長一人だけであり、後裔の大首長は共立されなかった。被葬者となる大首長が、その権力と財力を駆使して、巨大古墳の築造を共立された頃から始め、あらかじめ出来上がっており、没してからの埋葬は地域連合の人々が祭祀として行い、一代だけの大プロジェクトであったことになる。

太田天神山古墳の場合は、その巨大さと形象、長持型石棺、階級性などからヤマト王権との協調、技術指導があったことは顕かであり、大首長の生前に築造が始まっていることから、そこには巨大前方後円墳文化とされる倭国としての協調、共立を顕示する方策があったと考えられる。

大共立解消の背景

太田天神山古墳の成立の後には、大共立は解消され、次なる大首長は存在せず、次なる大古墳は存在していない。これは、上毛野全域の集団は、外来文化という果実を得るために、ヤマト王権に協調し、朝鮮半島に行き軍事・外交活動を行ったのである。その結果、上毛野に渡来人による多様な先進文化がもたらされた。それが馬の飼育技術であり、土器・須恵器の改良技術等であった。しかしながら注目されるのは、この時期になると一〇〇メートル前後の前方後円墳が各地の水系ごとに複数林立するようになっている。このことは、太田天神山古墳にまつわる大共立の成立は、むしろ臨時であり、外来文化が上毛野に到来後は元の地域ごとにまとまる社会構造に戻ったと考えられる。

『日本書紀』との整合

神功皇后四九年三月条によると、荒田別・鹿我別はともに将軍に任じられ新羅征討に参加した。神功皇后五〇年二月条に帰国した旨が記されている。

応神天皇一五年八月条では、荒田別・巫別（かむなぎさわけ、鹿我別と同一人物とされる）はともに百済に派遣され、翌年王仁（わに、書部の先祖とされる）を連れて帰っている。この条において、荒田別と巫別は「上毛野君の祖」と記されている。

神功皇后五二年九月条に百済王が七枝刀を奉ったとある。これは天理市石上神宮の宝庫にあり、銘文に東晋年号の泰和四年とあることから、紀年論によると三六九年になる。従って荒田別らが朝鮮半島に派遣された神功皇后四九年は三六六年ごろとなり、太田天神山古墳が築造された五世紀前半と時代が異なる。また広開土王碑に示す倭国と高句麗の交戦があったのは五世紀前半とされる。すなわち、約半世紀ほどの時代のずれがあるが上毛野から荒田別らを将軍に任じて大軍が朝鮮半島に派遣されたことに間違いはない。

応神天皇一五年八月条に百済王が良馬二匹を奉り、それを大和の軽の坂上で飼わせたとある。このことから先の荒田別らの朝鮮出兵は歩兵であり、上毛野にて馬が飼育されるようになるのは、更に後代になる。

おわりに

太田天神山古墳は上毛野で共立された大首長の墓であることは分かったが、いくつかの疑問がわいてくる。上毛野の豪族たちが大首長を共立して国を作り、倭国の一員であることの象徴としてヤマト王権の大王墓に匹敵する巨大な前方後円墳を作り顕示した。そしてヤマト王権に協力して朝鮮半島に兵を派遣した。それは何のためかというと朝鮮半島から渡来文化を呼び込み、渡来人を倭国に引き入れた経済的メリットはあったろう。だが、これほど巨大化した前方後円墳を造ることと大首長を共立したことが連動したかが疑問である。当時のヤマト王権の政治構造と社会情勢に照らし合わせて考える必要がある。

太田天神山古墳は突然に墳長二一〇メートルと巨大化したかも疑問である。ヤマト王権の宗教観念、すなわち死生観、祭祀の状況、副葬品や並び置かれた形象埴輪、等に関連して考える必要がある。絶対的な権力を持つ大首長が上毛野に存在していたが一代だけであったのかも疑問である。当時の畿内のヤマト王権と上毛野の大首長国の協調した政治構造は臨時的な政治体制であったことになる。その後も朝鮮半島への協調した軍事派遣は継続されたのか、あるいは巨大前方後円墳を造るための経済的負担が大きすぎたかを関連させて考える必要がある。

本論は、上毛野の巨大前方後円墳の存在と大首長国の遺跡を分析し、畿内に成立したヤマト王権と地方政権の協調関係を調べ、倭国が形成された前期古墳時代の政治情勢と経済的発展の結びつきを究明したいと考える。

第二節　古墳時代の上毛野の豪族居館

はじめに

古墳時代では群馬県は上毛野と呼ばれていた。古墳時代の前代に当たる弥生時代の上毛野の地域を見てみると、多くの人々が暮らしていたのは、榛名山の山麓部や利根川とその支流をさかのぼった山あいの地であったことを遺跡の分布が教えてくれる。それが、古墳時代に入ると、一気に平野部へと生活の場を広げていく。当時の人々の生活基盤は、稲作を中心とした農耕にあったわけであるから、平野部への大展開は、そのまま平野部の大開発があったことを物語っている。当地における弥生時代までの農業は、小河川や湧水などの自然の灌漑を利用した小規模経営であったことが、平野部に広がらなかった理由と考えられる。平野部を水田化するためには、人工的な大規模な灌漑を必要とする。これが可能になったことが古墳時代になって平野部に遺跡が急激に広がっていったことと関係している。おそらく、現在の群馬県で見られる水田風景に近いものが古墳時代にはすでに見られていた。

東国屈指の有力地域

昭和一〇年に群馬県内一斉の古墳分布調査が行われた。その結果は『上毛古墳綜覧』という報告書にまとめられている。その本によると、当時八四二三基が数え上げられた。実際の古墳の総数は約一三〇〇〇基以上にのぼるものと推測される。古墳の数の多さもさることながら、そのうちに前方後円墳をはじめとする大型古墳が数多くあることも、この地域の特色として注意しておく必要がある。加えて、墳丘の周囲を取り巻く埴輪が飛びぬけて充実している点や豪華で豊富な副葬品も目を見張るものがある。しかも、この特徴が古墳時代の全期間を通じて一貫している点が注目される。東国（関東地方）、さらには東日本屈指の有力地域であり続けたことを物語る。

山と川の恵み

古墳づくりはお金のかかる話である。全国的に見ても古墳数の多い地域であったということは、地域の経済的基盤がいかに強力であったかの証しである。当時の生業の基となっていた農業基盤の優劣は土地条件いかんであっことは間違いない。その観点から上毛野の地理的条件を見てみるならば、非常に恵まれた条件にあった。すなわち、その背後に二〇〇〇メートル級の山々が連なり、利根川をはじめとする河川は肥沃な土壌と豊かな水を平野部へと供給していた。そのため、古墳時代に入り平野部を利用した大規模な農業が始まると、時を得たとばかりに急速に有力化していった。関東地方の他地域にくらべても優勢であった背景として、このような恵まれた地理的条件を外すことはできない。

東山道の要衝

律令制の上毛野は東山道に属していた。上毛野を起点にしてみると、西へは信濃（長野）、美濃（岐阜）を経て京へと通じ、北へは下毛野（栃木）から陸奥へと通じていた。公式のルートとして整備されたのは七世紀のことである。ただし、古墳時代にはその母胎となるようなこれに近いルートが成立し、ヤマト王権と関東・東北を結ぶ最重要ルートとして機能していたと思われる。その場合、上毛野が関東・東北へ入る玄関口になっており、重要拠点になったわけである。ところで、東山道が重視されるようになったのは、馬の登場が関係している。馬が普及し広く利用されるようになったのは五世紀後半のことである。これにより、陸路で近畿地方と関東・東北を結ぶことが可能になった。その要の位置にある群馬県の地域は一段と重視されるようになった。

豪族居館とは

古墳時代になると、各地の首長・豪族が自らの財産を守るための空間を設け、柵や溝で区切ってその中に居所や祭祀場、倉庫などを設けるようになる。弥生時代の環濠内集落に似ているが、古墳時代の豪族居館は首長やその身内、上位者のための区画で、集落から離れた場所に特定区画として設けられている点が異なる。初期の豪族居館は区画内に、居所、祭りごと（政治）の場、倉庫、手工業生産拠点などを包含していたが、連合国の力が大きくなり権威付けや聖域化のために、居所、祭りごと、祭祀場を分離するようになった。大首長の居館の最初の例は、昭和五六年に発掘された群馬県の三ツ寺Ⅰ遺跡とされる。堀に囲まれた広大な敷地の中に、さらに柵で囲まれた大型建物をはじめ多くの建物が整然と並んでいる。区画内の建物や特別な施設は、首長の生活の場や政治の場、まつりの場、手工業生産の場など、役割に分かれていた。

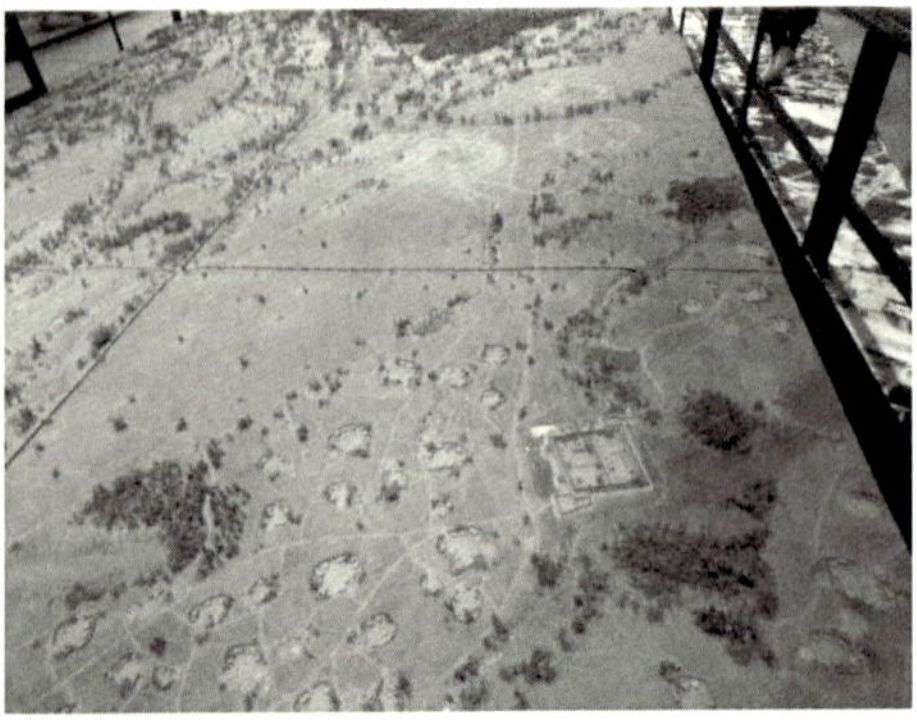

▲上毛野の豪族居館と集落

三ツ寺Ⅰ遺跡の豪族居館の存続期間は五世紀第三・四半期から六世紀初頭までの約五〇年であり、北西に離れた保渡田古墳群がある。この古墳群には年次順に二子山古墳（一〇八メートル）、八幡塚古墳（一〇二メートル）、薬師塚古墳（一〇〇メートル）があり、三代続いた豪族の首長が被葬者であったと考えられている。

古墳時代の集落

古墳時代に入ると、弥生後期の防禦《ぼうぎょ》性の強い集落は完全に姿を消し、微高地の上に五～六棟で一つのまとまりを持った集落が一般的になる。農業・土木技術の進展とともに集落の数は増加するが、分散化・小規模化の傾向が強まる。一方、首長たちは一般農民から離れた場所に掘っ立て柱建築の居館を築き、倉庫に富を蓄積し、階級差を顕示していた。さらに上位の連合国をまとめる豪族は隔絶した場所に豪族居館を築き、ヤマト王権と協調した政治権力の基に、権威を顕示するために前方後円墳を営んだ。

渡来人文化

古墳時代に朝鮮半島から馬生産の技術を持った渡来人を招いたのはヤマト王権であったと考えられている。上毛野では五世紀後半には渡来人にともなわれた馬の生産がなされていたことが遺跡の調査から判明している。馬が入ってくるまでの交通手段といえば徒歩か舟であったが、馬を使えば多量の荷物を運搬できるようになり、大勢の人の移動が可能になった。さらに軍事に利用すれば馬の威力は歩兵を震撼させた。馬の登場により古墳時代の歴史は大きく変わっていったのである。

馬の他にも渡来人たちは朝鮮半島系の文化を上毛野にもたらしたことが遺跡の発掘から分かっている。韓式土器や須恵器、耳飾りなどの装飾品、農作に使う新式の鉄器の導入、馬具の導入などにより、経済的にも潤ったのである。

畿内の農耕文化との類似性

古墳時代の畿内の遺跡は古墳を除き多くは残っていない。しかし大和川水系の平野部は湧水の多い地域でもあることから肥沃な農業生産を可能にして経済を潤していたと考えられている。また東国と瀬戸内海諸国を結ぶ要衝の地であり、交易が盛んで大勢の人々が生活しやすい地域であった。これらのことを考えると古墳時代の畿内には上毛野に見られる豪族居館、集落、渡来人技術を中心とした農耕文化が、上毛野に先行してあったと考えられる。しかし、飛鳥時代、奈良時代と都がおかれたこともあり、多くの遺跡は破壊されて残っていないので論述することはできない。

上毛野では歴史上五回の浅間山、榛名山の噴火があり、広い範囲で軽石、火山灰が蓄積され、古墳時代の農耕文化を埋没した。三ツ寺Ｉ遺跡も六世紀初頭の榛名山二ツ岳の噴火による火山灰や軽石で覆われていた。皮肉にも遺跡を現在まで良好な状況で保存する結果をもたらした。

おわりに

上毛野の古墳の総数は約一三〇〇〇基以上にのぼるものと推測される。古墳の数の多さもさることながら、そのうちに前方後円墳をはじめとする大型古墳が数多くあることも、この地域の特色として注意しておく必要がある。巨大な天神山古墳のある太田市には三世紀前半から七世紀までの間に約一二〇〇基の古墳があることが確認されている。これだけ多くの古墳が築造された背景には、この地域が早くから農業が進展し、経済的な潤いがあった。このことから絶対的権力があったとされる大首長を共立し、ヤマト王権と協調関係を結び朝鮮半島や中国大陸から先進文化を移入することができたと考えられる。

第三節　巨大前方後円墳は生前墓

はじめに

古墳づくりの実態を総合的に判断すると、古墳づくりを含む葬送儀礼は多大な労力と資材と知識や技術を費やしている。大王や有力首長の葬送儀礼は、当時の社会の一大政治的・宗教的イベントだったと考えられる。そのような状況下にあっては、大王や有力首長が自らの権勢・財力・指導力を誇示・顕示・顕正し、死後においてもそうであることを願って、生前に墓を造りはじめることは十分考えられるし、そうであるほうがむしろ自然で妥当とされる。しかし、それぞれの前方後円墳が生前墓であった確証については、歴史を戻ることができないことから提示することはできないが、多くの考古学者の研究成果が証明している。

前方後円墳の起源

二世紀末に大和地方の纒向《まきむく》（現・奈良県桜井市）に巨大都市が出現し、纒向型前方後円墳が築造される。三世紀前半には一つの画期として最古の前方後円墳とされる箸墓古墳（二八〇メートル）が築造される。これをもって古墳時代の始まりとする。その後日本各地に同じ形の墳墓が築造されていった。

ヤマト王権の勢力下にある日本列島の諸地域でのみ見られる前方後円墳の起源については、これまでに様々な仮説が唱えられている。最もよく知られているものは、弥生時代の墳丘墓（弥生墳丘墓）から独自に発展したものであるという学説である。従来から存在した円形墳丘墓の周濠に掘り残した陸橋部分（通路部分）で祭祀などが行われ、その後この部分が墓（死の世界）と人間界を繋ぐ陸橋として大型化し円墳と一体化したと考えている。

それに対して、各地方政権の墳墓の糾合によるという説もある。例えば「形」は播磨の前方後円型墳墓から、「葺石」は古代出雲政権の四隅突出型墳丘墓から、というように、弥生時代に作られていた各地方政権の墳墓の諸要素を糾合して、ヤマト王権が前方後円墳を考案したという。

茂木雅弘　『古墳時代寿陵の研究』　雄山閣1994
「寿陵研究をめざして」P6

一九六九年は筆者の古墳研究にとって記念すべき年である。それは群馬県前橋市の天神山古墳の後円部に設けられた巨大な粘土槨を設けるための墓壙と対面したことである。さらに三木文雄氏の援助によって山梨県中道町大丸山古墳の調査を開始した年でもある。

天神山古墳の正式な調査報告は未刊である。そのためこうした遺構の詳細なデータは不詳であるが、墓壙の巨大さに興味を持った。この疑問を追求するためのパートナーは轟俊二郎氏であった。そこで得た結論は、前方後円墳の築造と埋葬との間に時間差が存在するのではないかということであった。この仮説を実証するためには、墓壙の存在する可能性の高い竪穴式石室を埋葬施設とする前方後円墳を調査する必要があった。

三木氏から東京国立博物館が出土品を所蔵する大丸山古墳の測量を依頼されたのはそんな時であった。大丸山古墳の発掘は筆者の仮説を証明する上で重要なものであった。限られた条件の中で最初に一部露出している竪穴式石室に挑戦した。それは竪穴式石室と墓壙と墳丘の関係を調査することであった。予想は適中した。急勾配の墓壙の掘り方が確認され、墳丘の築造と埋葬施設の設定までの時間差が確認出来た。この調査は一九七二年まで続いて中止された。大変残念なことは、墳丘の調査が殆んど実施出来なかった点であり、現在に至るまで報告書が作れない点である。

「墳丘生前築造説」P44

埋葬の部位が墳丘の上にある事からすると上に算出したやうな一日千人の土工を以てしてもなお四年もの時日を要する応神・仁徳両天皇陵の場合では、それ等がすべて崩御の後の営造とするにはあまりに年月を要し過ぎることへの疑問がわくであろう。この事は近年古墳の学術調査が行われるやうになって、認められて来た。上代に於ける棺内における遺骸が、内棺などに収められることなく、布などで包んで直接に置かれたと解せられる点から、いよいよそのことが考えられるのである。かくて、ここに自から『日本書紀』の仁徳天皇即位六十七年の条に見える説話、即ち現在の陵を以て寿陵とする記事が顧みられる。

右の記載には地名の解釈などの点で、説話的な色彩は強いが、「石津原に行幸し、蒭ら陵地を定め、営陵の工を起した」とあることは、それに実際上の背景を持つことが認められて然る可きであろう。

として最後にこれだけ巨大な墳丘を築成するためには当然広い範囲の人々が日常的に従事したものであるという前提で次のように結んでいる。

その営造に要した歳月の長いことが考へられて、生前からの営造たることの確かさが認められることがある。

仁徳天皇陵が寿陵であることについてはこれ以降多くの研究者が主張されている。一九五九年小林行雄もこの記事を材料として、「いわゆる寿陵として、おおぜいの人民をかりたてて、生前から自分の墓をつくらせることは、この時代からあったのであろう。」としている。この問題に関しては原田大六も磐井の墳墓と関連して次の様に述べている。

すべての古墳が生前に造られたものとはいえないが、ある特定のものだけは、生前に造られたのではあるまいか。……仁徳天皇、筑紫国造磐井、蘇我蝦夷、入鹿はみなその権勢の誇示として墳墓を生前に築いているのである。だからこの生前に墳墓を造るということは、普遍的に行われたのではなく、権勢を特に誇る者だけがやった特別の工事であったといえよう。

原田は全ての古墳が生前に築造されたのではなく、特殊なものだけが寿陵であったとしている。この把《と》らえ方には矛盾がある。考古学的に実証不可能な推論である。それは既に先哲が問題視している如く、墳丘と埋葬施設の関係においては特殊な寿陵はあり得ないのである。

同じ磐井の墳墓をとりあつかったものに森貞次郎氏の論攷《ろんこう》がある。森氏は福岡県八女市に存在する岩戸山古墳を「筑後国風上記逸文」にみえる磐井の墳墓と断定した。このことはわが国における寿陵の研究にとって極めて重要な意味を有することになる。

考古学研究が発掘調査という科学的実験に等しい方法を採用している学問分野であることを考えると、この問題を発掘調査によって把える必要がある。堅田直氏が大阪府池田茶臼山古墳で行った調査結果はその後の研究に重要な影響を与えることとなった。

堅田氏は一九六四（昭和三十九）年刊行の報告書の中で次の様な調査結果を発表した。この古墳は全長六二メートルの尾根上に築造された前方後円墳であり、後円部頂に七・八×三・四メートル、深さ一・五メートル、底面七・六四×二・九六メートルの上壌が約八五度の傾斜で穿たれていた。八〇度の傾斜で掘るには、上を少し載せては、たたきしめて行く方法をくりかえして積み上げないかぎりは不可能で、他の方法なら上を積み上げてから約二年間以上放置しなければ、たとえ掘ったとしてもすぐに崩れてしまうだろう。

という大林組研究室の管田豊重氏の教示をのせている。この指摘は従来の古墳調査法には全く認められなかった新視点であり、墳丘の築造と埋葬とのあいだに時間差のあることを証明した。さらに推論すればそれが日本の前方後円墳の特色を発掘調査によって実証したことにつながったのである。要するに前方後円墳の墳頂部に土壙を穿って埋葬を行うためには数年前に墳丘が完成していることが必要であるという調査結果が公表されたのである。

「人を葬らない墓」P50

一九九二年、筆者は「埋葬されない墓をもとめて」という副題のもとに『前方後円墳』を著した。これは従来の埋葬施設と副葬品に重点をおいた研究とは異にする、墳丘を中心に考察することを心がけた。

この年、吉留秀敏氏も従来の寿陵研究を次のように整理された。

日本列島における「寿陵」の採用は、古墳の出現期に求めたい。現時点ではなお検証可能な例が僅少であるが、今回の報告例を考慮すると、採用された古墳は、大王墓や各地の有力首長墓に限られる可能性がある。このことは古墳時代における首長権継承儀礼の定式化と発動にその事由の端緒を求められるだろう。

ここに弥生時代墳丘墓から前方後円墳への質の変化をみることができる。「寿陵」は生前における造墓活動そのものの意義と共に、該期の首長間の階層性を強調する古墳の規格化、巨大化を可能とする手段でもあった。この「寿陵」もまた中国における寿陵を導入したものであったと考えたい。

以上が日本における寿陵研究の成果である。この種研究が未だ出発点の域を脱し得ず、その理論的方法さえ決しかねていることが判るであろう。これらを整理すると、

①仁徳天皇紀にみえる如く、日本の古墳に寿陵の存在が推察されること
②空墓の存在から生前に墳丘の築造を想定することが可能であること
③特定墓にのみ寿陵が想定されること

等が考えられるのである。しかし筆者はこうした研究史を踏まえた上で、大半の古墳が生前に築造されたという視点であることを明記しておきたい。

和田晴吾　『古墳時代の葬制と他界観』　吉川弘文館　２０１４

「寿陵と前方後円墳」Ｐ１７８

本書で主張するように古墳が他界の擬えものであるとすれば、なおさら権力者は、死後においても生前と同様の、あるいはそれ以上の権力を保持した安寧な生活を確実に保証するために、自らの古墳を生前から造りはじめていたものと考えられる。

さらに注目すべきは、大王墳が寿陵として築かれなくなる時期は、ほぼ大王墳としての前方後円墳が築かれなくなる時期にあたり、以後は方（円）墳、八角墳へと変化することである。寿陵と前方後円墳は密接に関連していた可能性が高いのである。これまで前方後円墳消滅の意味については多くの政治的評価がなされてきたが、その背景には、われわれがいまだ十分解明できていない、大きな葬制上の変化があったのである。そして、この画期を経て古墳は急速に単なる墓へと変質していくのである。日本列島で初めて他界を可視化して表現した「他界の擬えもの」としての古墳は、この画期に消滅する。他界を表現するものが、あるいは他界観そのものもが大きく変化していった可能性が高い。

なお、この時期の改葬という複次葬は、土葬という単次葬を基本とした古墳時代的な葬法から、仏教と関連する火葬という複次葬の葬法へと円滑に変遷していく葬法ともなりえていた可能性もある。

「古墳づくりと軍事行動」Ｐ１８７

古墳づくりにどれほどの人がどれほどの期間働いたかについては、わが国最大の前方後円墳である大阪府堺市大山古墳についての試算がある〔大林組　１９８５〕。

プロジェクトチームは、梅原末治と高橋逸夫のデータ〔梅原　１９５５〕に基づいて、大山古墳の規模を全長四七五メートル（現在は約四八六メートルとされている）、後円部径二四五メートル、同高約三〇メートルで、墳丘土量約一四〇万立方メートルとした場合、墳丘の築造と、二重の周濠の掘削、葺石の施工、埴輪の製作樹立を完遂するためには、牛馬を使わない古代工法では、ピーク時には二〇〇〇人が働いて（一日八時間・月二五日）、一五年八ヶ月（一八八ヶ月）を要すと算出した。

他の古墳の体積については、石川昇の試算があり、大阪府古市古墳祥では羽曳野市誉田御廟山古墳（約四一五メートル）約一四三万立方メートル、墓山古墳（約二二五メートル）二五万立方メートル、大鳥塚古墳（約一一〇メートル）二万立方メートル、番上山古墳（約五三メートル）四〇〇立方メートルなどとされている〔石川　1989〕。これらを参考にすれば、極めて大雑把な試算になるが、同じ様式の古墳とすれば、全長約一〇〇メートルの古墳で、墳丘の堆積が約二万立方メートルの古墳だと、約一〇〇人が働けば四年一〇月ほどで、一〇〇〇人ならば五ヶ月余りで完成することになる。

「高度な測量技術・管理能力・強力な造基組織」Ｐ１８８

しかし、古墳づくりの実際に当たっては、作業に直接関わる労働者のほかに、労働者の衣食住を支える人々（自らやっていた可能性もある）や、道具類を調達・補修する人々、測量する人々、それらを管理・統括する人々など多様な役割の人々がいたはずである。また、埋葬施設（竪穴式石椰や横穴式石本など）や棺（特に大型の本棺・石棺）の資材調達・加工・運搬・構築（設置）等にも多くの労働力を必要とした。したがって、長期間にわたる古墳づくりには、それを保証する強力な造墓組織が編成されている必要があったのである。しかも、完成した墳丘をみると、単純な道共と人海戦術（集団行動）に比べて、その端正で精美な形態と仕上がりには、設計や測量技術などの上本技術の高さとともに、多くの人々を動員し、効率よく作業にあたらせる施工・管理能力の高さもはっきりと見てとることができる。古墳づくりの現場では、後の造宮・造寺組織ほどは複雑ではないにしても、大規模な分業と協業を長期にわたって実践していたのであり、それを実現するすぐれた造墓組織があったのである。先に取りあげた「視葬者」は、大王（王権）の下、この造墓組織を統括するとともに、造墓を含む葬送（喪葬）儀礼全体を仕切っていたものであったと考えられる。

「古墳づくりと社会統合」Ｐ１９６

古墳時代前・中期の首長連合社会では、列島各地の地域集団（あるいは同族集団）は、首長を中心にヤマト王権下に服属することでもって、政治的経済的安定や軍事的安全を確保していた。そして、その見返りとして集団は王権に奉仕することを強いられたが、交換経済が未発達な段階では、米や布や特産品の貢納には限りがあり、王権への奉仕の中心は集団的な労働となった。その時、労働の中心は耕地の開発、生産の拡大へと向かったというよりも、その中心の一つは兵役となり、他の一つが、古墳づくりという大規模な土木工事をともなう葬送儀礼の実修となったのである。これは王権レベルにおいも、地域集団レベルにおいてもそうだった。血の原理を組帯とする同族社会にあっては、祖霊を祭り、大王や首長の魂の冥福を祈ることが、人々がもっとも受け入れやすい普遍的で価値ある行為と観念されたからであろう。したがって、規模の差、質の差こそあれ、同様の儀礼が列島の九州地方から東北地方南部までの各地、各階層で返し繰返し行われたのである。

王権は、それをコントロールし、秩序づけることで、国家的な規模で社会を統合する原理としたのである。しかも、仮の他界である古墳が、その形と規模でもつて秩序づけられていることから判断すると、この秩序は他界の祖霊たちもまた秩序づけるものだったのであろう。

巨大前方後円墳の出現と消滅

茂木雅弘、和田晴吾はその著作において、墳長二〇〇メートルを超える畿内の大王の墓、地域の大首長の墓はすべからく前方後円墳であり、寿陵（生前墓）であったとしている。古墳時代では大王、大首長は共立により権威者となり神となることが享受され、死後においても生前と同様の、あるいはそれ以上の権力を保持した安寧な生活を確実に保証するために、自らの古墳を生前から造りはじめたと考えられる。大規模な前方後円墳の築造には多大な労働力と経済力が共同体から投与されなければならなかったが、畿内では大王の共立は綿々と引き継がれた。地方の大首長の共立に際してはヤマト王権との協調の証として前方後円墳を築造したが、ヤマト王権から規格化されており、地域を移動し交互に成立している。

大王墳が寿陵として築かれなくなる時期は、ほぼ大王墳としての前方後円墳が築かれなくなる時期にあたり、以後は方（円）墳、八角墳へと変化することである。すなわち、寿陵と前方後円墳は密接に関連していた可能性が高く、葬制上の変化があり、この画期を経て古墳は急速に単なる墓へと変質している。

おわりに

三世紀中葉から空白の四世紀、そして五世紀後半までに畿内や地方で築造された巨大前方後円墳は生前墓（寿陵）であることが分かった。すなわち、その巨大性から築造に要した年月、投与された労働力と財政、設計・製造に係る技術と指導、等を考えると被葬者とされる大王・大首長が没してからでは間に合わないことから、顕かである。

しかし、いくつかの疑問がわいてくる。なぜ巨大化した前方後円墳でなければならなかったであるが、畿内のヤマト王権の宗教観念と地方政権との協調関係を併せて考える必要がある。次の疑問は、畿内の大王墓とされる巨大前方後円墳は綿々と造り続けられたが、地方政権では単独に終わるか、あるいは地域を移動している。これについては、古墳時代の政治情勢、社会構造に絡めて考える必要がある。さらなる疑問は、五世紀後半になると生前墓とされる巨大前方後円墳が減少し、あるいは消滅していることである。これについてはヤマト王権の宗教観念に変化があり、地方政権との支配関係に変化があり、朝鮮半島諸国との外交関係に変化があった可能性を考える必要がある。

第四節　埴輪は生前に造られた威信財

はじめに

日本各地にある比較的規模の多い前方後円墳の資料は断片的で、どのような埴輪がどれだけ並べてあったのか、ということが分かる事例は多くないし、あったとしても全てを網羅することは容易でない。従って、本論では群馬県上毛野の前方後円墳で発掘された形象埴輪群像をもとに議論を進めたい。保渡田八幡塚古墳の分析結果では、埴輪群像全体が「王位継承儀礼の表現」とすることは困難である。埴輪群像の立ち並ぶ姿は、視角的効果が高く、埴輪群像は欠け損じるまでの期間、外部から墓をみる者に威容を示し続ける。埴輪群像とは、一義的には被葬者に供されるとされるが、外部へ向けてのアピールの装置でもあったと考えられる。埴輪「群」は、儀礼・行事・遊びなど有力層が特権的に行う数々の事業を表す造形であり、埴輪「列」は、彼らが占有しうる服飾や武具・威儀具・馬など威信財（財物）の造形に他ならない。すなわち、埴輪とは、被葬者の葬送・顕彰に関わると共に、古墳を造営した被葬者およびその一族の、権威・権力・財力を内外に知らしめるための仕掛けだと考えられる。

埴輪は生前に発注された

埴輪は被葬者の生前に発注されたと考えられる。保渡田八幡塚古墳では円筒埴輪だけで約六〇〇〇本の埴輪が用いられたと推定されており、数一〇本の小型墳でもそれが何千基も造られれば莫大な量になる。粘土作りから始まって埴輪を形作り、焼き上げるという作業はたいへんな労力を必要した。このことは、埴輪を専門に作っていた人々の存在が考えられ、古墳造りのたびに工人集団が組織されたのであり、前方後円墳は生前墓であったことを考えれば、古墳造りを始める頃には埴輪造りも始まったと考えられる。

上毛野に埴輪が登場するのは、畿内から遅れること半世紀以上たった四世紀後半のことである。後円部頂に並べられた器台・壺・家・盾形埴輪などは、畿内の埴輪にはない在地的な形と、四世紀前半までの古い特徴をもっており、畿内の情報を基に上毛野の工人が作ったものと考えられる。六世紀の埴輪群像が、財物表示の性格を強化していくことも、この事と矛盾しない。

『はにわ群像を読み解く』 かみつけの里博物館 2000

若狭徹 『保渡田八幡塚古墳の埴輪群像を読み解く』「埴輪群像の配列様式とその意味」 埴輪の意味を探る P33

「埴輪の意味の変質—威儀具の充実」

財物表示が重視されるという点では、関東地方で六世紀になって流行する器財埴輪も注目される。大刀形埴輪・帽子形埴輪・鞆形埴輪（弓を使う時の防具を象ったもの）・さしば形埴輪（貴人に差し掛ける大ウチワを象ったもの）・靫形埴輪（矢を背負う道具を象ったもの）など、いずれも当時の権威ある道具（威儀具）を形象したものが、続々と出現するからだ。

五世紀後半頃、中間富裕層（小有力者）が成長して、小型古墳をたくさん造り始める（群集墳）。そして、六世紀になると盛んに形象埴輪を用いるようになり、小さな古墳にまでも威儀具の埴輪や馬形埴輪が立て並べられる。本物の成儀具を所持したかどうかも分からない小古墳の主まで、財物のイミテーションで墓を飾り立てるのである。

▲保渡田八幡塚古墳の埴輪群像

六世紀に威儀具埴輪が盛んになり、同時に観音山古墳二グループのような財物の列が充実することをみると、埴輪のもつ意味は、五世紀の「群像による物語重視」から、六世紀後半の「財産表示重視」に移り変わったと考えることが出来る。

「埴輪群像の意味とは」P33

五世紀後半の八幡塚古墳において様式が整備された埴輪群像の、本来的な意味とはなんであろうか。八幡塚古墳の分析結果では、埴輪群像全体が「王位継承儀礼の表現」とすることは困難であった。これをまず確認しておきたい。

埴輪群像は、八幡塚古墳では内堤の上に置かれていた。やがてその位置は、観音山古墳にみるように、横穴式石室の導入と連動して、石室の開く墳丘中段に移動した。同様に、埴輪以外の古墳のマツリ（墓前祭祀）も、墳丘裾の造出や張出で行われていたものが、横穴式石室の採用で石室前の広場に移動することが知られる。墓前祭祀も埴輪も共に場を移すのであれば、それは双方とも古墳に埋葬された人物（被葬者）に対して供ぜられたとするのが妥当だろう。

しかし埴輪群像の立ち並ぶ姿は、視角的効果も高いものである。無形の墓前祭祀が一時限りのものである一方、埴輪群像は欠け損じるまでの期間、外部から墓をみる者に威容を示し続ける。埴輪群像とは、一義的には被葬者に供されたものであり、かつ外部へ向けてのアビールの装置でもあったと推測したい。

そのように考えると、埴輪「群」は、儀礼・行事・遊びなど有力層が特権的に行う数々の事業を表す造形であり、埴輪「列」は、彼らが占有しうる服飾や武具・威儀具・馬など威信財（財物）の造形に他ならない。

おわりに

保渡田八幡塚古墳で成立し、上毛野で流行した埴輪様式の最も基本的な性格とは、被葬者の葬送・顕彰に関わると共に、古墳を造営した被葬者およびその一族の、権威・権力・財力を内外に知らしめるための仕掛けだと考えられる。

上毛野の埴輪には畿内とは違う在地的な形と、四世紀前半までの古い特徴をもっており、畿内やその周辺地域の情報を基に上毛野の工人が作ったものと考えられる。それまでの技術の発展ではなく、ヤマト王権からの工人の派遣があり、埴輪を立てる古墳が大型墳などに限られており、組織的な埴輪作りが行われたとしても、常に埴輪のみを作り続けていたわけではない。

埴輪は古墳の被葬者の権威・権力・財力を顕示し、在地的な特徴があり、組織的な生産が行われていた。これらから古墳の築造が首長、大首長が共立された頃の生前に始まっており、時を同じくして、装飾のための埴輪も生産が始まったとして間違いはない。

第五節　ヤマト王権の巨大前方後円墳を見直す

はじめに

巨大化した前方後円墳が最初に築造されたのは倭国にて倭王として卑弥呼が共立された時期と同じであり、それが箸墓古墳である。その後も畿内には綿々と巨大前方後円墳が造られており、考古学の研究者らは、目安として墳長が約二〇〇メートルを超すものは、大王級のものであるとしている。

巨大な前方後円墳を築くには、多大な労働力、財力の投入が数年にわたって必要であり、墓ではあるが、大王の威厳を持って生前から造り始めなければ、葬られるときに間に合わない。卑弥呼が始めた巨大前方後円墳文化には、卑弥呼が巫女であったことを考えれば宗教的観念があるので、単純な墓ではない。また倭王であったことを考えれば政治的観念が感じられるので、単純な巨大築造物ではない。

巨大前方後円墳文化は宗教的統合の記念物

卑弥呼が三〇か国に近い首長国集団から共立され、宗教的観念の統合を図るべく、生前から箸墓古墳を造り始めたとすれば、畿内各集団の祭祀様式を見ていただろうし、列島各地の首長国集団の祭祀的伝統を見たうえで実現したとみるべきである。列島規模の結集を象徴する産物として意図された可能性は高い。しかも墳墓であるから、そこに倭王が埋葬されることで、この王墓は祭祀的統合の象徴的存在としても機能することになった。

墳丘の巨大性は、集約的結合を物量的に表示すべく意図され、結集力の大きさを象徴するものであった。測地・測量・土木技術の駆使は、技術的な側面で王墓を巨大化し荘厳化させ、三段にした墳丘構成や葺石・

埴輪の配置は装飾されて端正な墳丘形態を実現することで神聖化された威厳を顕示していた。

文献史学の研究者らが指摘するように、前方後円墳には死者の復活と再生の観念が引き継がれていたとすれば、巨大前方後円墳は王権を再生し維持するよりどころと意識された可能性がある。死後の霊が存在するとの観念が成立していたとすれば、王権を守護する祖霊の住処とみなされた可能性がある。しかし、墳丘の完成後に改修工事などの手だてが講じられた形跡はほとんど認められないことから、古墳の墳丘上で継続的に祭祀行為や改修工事がおこなわれた可能性は低い。このことは、大王の生前からの築造地の選定、築造工事、墳丘の完成までが一連の祭祀的行為として意図され、埋葬の終了をもって前方後円墳祭祀が完了したことを示している。以後は墳丘内部への立ち入りが忌避され、威厳な聖域となっている。祭祀行為の対象は、ただちに次に共立された大王の巨大前方後円墳築造へと移管され、その継続と反復が巨大前方後円墳文化として重要視されたとみるべきである。ヤマト王権を支えた地方集団も、畿内のヤマト王権との協調体制を誇示するために、大首長を中心とした巨大前方後円墳文化を重要視したと考えられる。

巨大前方後円墳は政治的統合の象徴

畿内のヤマト王権の存在は優越した巨大前方後円墳の存在で示されている。倭国を構成する諸地域の集団の首長にとって、列島としての協調行動に参加するに当たっては、倭王権の優越性を認め、巨大前方後円墳文化を受け入れなければならなかった。その時点での巨大前方後円墳文化とは、地方集団としての大首長を共立し、地方勢力の象徴としての前方後円墳を作ることであり、それにはヤマト王権より技術導入した前方後円墳を作ることであり、巨大性や埴輪などの装飾品については、秩序だった規制があった。それとともに産物の納入や労務の提供、軍事力の派遣などもあったと考えられる。見返りとしては朝鮮半島からの鉄資源の確保や先進文化の導入、さらに先進文化をもった渡来人の招致もあったと考えられる。このような協調関係の実現が相互の合意を背景にして、前方後円墳の築造で始まる政治的統合を示していることに間違いない。

巨大前方後円墳の誕生にあたって協調行動をとった形跡が確認される諸地域の地理的位置関係をみると、それは北部九州・山陰・瀬戸内の諸地方である。いずれも西日本一帯の沿岸部にあたり、弥生時代以来、朝鮮半島や大陸との交流が活発であった可能性を有する地帯である。これら諸地方において多面的かつ広域的流通の進展のもとに成長しつつあった諸勢力が、連携して協調行動をとる必要性が生じたとすれば、それは海外で生起した政治情勢への対応といった、列島外部で生起した要因が考えられる。

広瀬和雄　『前方後円墳の世界』　岩波新書　2010
「〈見る／見せる〉墳墓・前方後円墳」Ｐ26

このようにとりあげだすときりがないのですが、首長の生活拠点や生産基盤から離れた地点に前方後円墳がつくられた背景には、多数の人びとに見せるという目的があった、と考えたほうが無理はなさそうです。それぞれの首長が統治した政治的領域のなかで、もっとも効果的な場所に前方後円墳を造営した、とみたほうが合理的なのです。

〈見せる〉が主因であった前方後円墳のなかには、「水田稲作の生産性を基盤とした首長」という通説では解釈しがたいケースが多々存在します。「もの」の交易や、人の移動にとっての交通拠点、そうした立地環境の決定には政治目的が働いていたのです。前方後円墳は政治的墳墓だったのです。

おわりに

太田天神山古墳を例にして倭国の政治的統合とは何であったか考えてみた。当時の朝鮮半島では高句麗の南下政策で百済が圧迫され、新羅が倭国に逆らっていた。おそらく倭国は瀬戸内海の河内付近や吉備の勢力が主体となって朝鮮半島に渡り、交戦していたと考えられる。しかし軍事力の増強が必要になり、当時水田耕作の発展から経済的成長が著しかった上毛野に倭国の一員としての連合国を作り戦いに参加するようにとの指導があったのではないと考えられる。これを受け東毛の勢力が主体になって、大首長を共立し、連合国の存在の象徴である巨大古墳を構築したのではないかと考えられる。しかし、朝鮮半島での交戦が下火になったか、鉄資源の確保に目途がついたかで、ヤマト王権の一員としての連合国の必要性は除去され、次の大首長は共立されなかったのである。次なるヤマト王権と上毛野との協調は各地域の首長国によるものとなり、規模は小さくなるが前方後円墳は造り続けられたのである。

倭国の古墳時代に始まった巨大前方後円墳文化の営みは、倭国全域に広がり、大首長の共立は政治的統合の結果であり、前方後円墳の営みは宗教的統合の象徴であった。

第六節　ヤマト王権の大王墓を見直す

はじめに

日本列島で、前方後円墳（前方後方墳を含む）は約五二〇〇基つくられた。そのなかで、墳丘の長さが二〇〇メートルを超えるものを巨大前方後円墳とよぶと、それは三六基を数える。そのなかの三二基は畿内地域に集中している。さらに一〇〇メートルを超える大型前方後円墳は三〇二基だが、そのうちの一四〇基は畿内地域に偏在している。畿内と地方では、これら巨大前方後円墳は少しずつ変化しているが、外部の者に美しく見せるための強い構造上の共通性があり、同じく被葬者の権威を象徴するための形象の共通性がある。それは倭国に大王が存在し、地域には首長が共立された連合国があり、相互に協調しあっていることを示している。なぜなら、それはどこでも同じ墳丘形式を採っており、同時に大きさに明瞭な階級性を示す差異があった。

箸墓古墳について

大阪湾から大和川を遡上して、荷物を積んだ船が行き来した初瀬川には交易の要所となる市が形成されていたと考えられる。のちに磐余と言われた多くの大王の都がおかれた地域である。その水田地帯に三世紀の中頃に突然、巨大な前方後円墳が出現したのが箸墓古墳《はしはかこふん》であった。墳長およそ二八〇メートル、後円部は径約一五〇メートル、高さ約三〇メートルで、前方部は前面幅約一三〇メートル、高さ約一六メートルを測る。その体積は約三七万立方メートル。ある調査では、動員された労働力は一三五万人なので一日一〇〇〇人が動員されたとしても約五年はかかる規模である。出土した土器を炭素一四年代法で調べたところ、箸墓古墳

▲箸墓古墳

がつくられたのは西暦二四〇年～二六〇年とされている。後円部は四段築成で、四段築成の上に小円丘（径約四五メートル、高さ四メートルの土壇、特殊器台が置かれていたと考えられる）が載っている。前方部は側面の段築は明瞭ではないが、前面には四段の段築があるとされる。ちなみに五段築成（四段築成で、後円部に小円丘が載る）は箸墓古墳のみで、他の天皇陵古墳は四段築成（三段築成で、後円部に小円丘が載る）や三段築成（後円部も前方部も三段築成）とされる。被葬者の格付けを表しているのかも知れない。

　奈良県立橿原考古学研究所や桜井市教育委員会による陵墓指定範囲外側の発掘調査により、墳丘の裾に幅一〇メートルの周壕とさらにその外側に幅一五メートル以上の外堤の一部が見つかっている。後円部の東南側の周濠部分では両側に葺石を積み上げた渡り土手が見つかっている。

　大和川を下ると瀬戸内海に出られる要衝の地であり、湧水と水路に恵まれ水田耕作が盛んであった纏向（奈良県桜井市）に三世紀中頃に出現した纏向古墳は、古墳造りに参加する大勢の労働者が集まり易い交通の要衝にあった。またそこには市が営まれ交易が出来、都市が形成され大勢の者が生活しやすい場であった。壮大な古墳が建造されてゆく様子は、誰が見ても大王の権威を感じさせ、各地からの大勢の労働者が参加し、持ち寄った物資が経済的消費される一大プロジェクトの様子は大王国が建設されたことの感動を与える政治的行為であったと考えられる。

五色塚古墳について

明石海峡を見下ろす瀬戸内海の要衝の地に築かれた五色塚古墳（神戸市垂水区）が四世紀後半に築造された。墳長は約一九四メートルで非常に整った三段築城になっており、円筒埴輪が隙間なくめぐらされ、墳形に沿った鍵穴型の周濠がともなう。日本で最初に復元整備が行われ優美な形象が再現されている。

五色塚古墳は大和の佐紀陵山古墳とほぼ共通する墳丘設計図が使用されていることが分かっている。ヤマト王権と親しい関係にあった地域の大首長が大きな権力を駆使して築造したと想定される。造られた場所は丘陵が海まで迫り、とても狭い場所であり、農耕や各種生産を可能とする広大な開発領域は見えない。この古墳は、地域の生産基盤という経済的条件がなく、明石大門とも呼ばれる瀬戸内海の要衝であり、古代山陽道の陸路の要衝に交通を司り、ヤマト王権と協調する連合国があり、大首長が共立されていることを見せつけている。従って、この古墳には被葬者の権威を見せつける政治的役割があったと言える。

造山古墳について

吉備（律令時代に、備前国・備中国・備後国・美作国の令制四か国を指す呼称として用いられた）では三世紀末の浦間茶臼山古墳（岡山県岡山市東区浦間、一三八メートル）、四世紀前期の神宮寺山古墳（岡山県岡山市北区中井、一五〇メートル）や四世紀末の佐古田堂山古墳（岡山県岡山市北区平山、一五〇メートル）、等と墳長一五〇メートル前後の規模の多数の前方後円墳が築かれており、ほぼ同等の勢力をもった首長・豪族が数か所に跋扈していた。吉備は『魏志倭人伝』にいう投馬国だったとされるように、九州と畿内を結ぶ瀬戸内海に臨む交通の要衝であり、吉井川・旭川・高梁川と三本の大河が流れて平野を潤していたことから農耕が盛んで、その河口には沖積地が発達し経済的基盤が強固であった。

五世紀初めになると造山古墳（岡山県岡山市北区新庄下、三六〇メートル）、つづいて約三キロメートル離れたところに作山古墳（岡山県総社市三須、二八〇メートル）が造られた。何故このように巨大化したかは分かっていないが、被葬者の権力の大きさを物語っていることは確かである。造山古墳は同時代のヤマト王権の大王墓とされる上石津ミサンザイ古墳（大阪府堺市西区、三六四メートル、履中天皇陵）に匹敵する巨大さであり、ヤマト王権に匹敵する権力者だったことを見せている。それまでの吉備の古墳は山頂や丘陵上に築かれ集落の外縁にあったが、造山古墳からは交通の要衝に築かれ、更に周濠が導入され、埴輪を伴う小墳が配置されるなどで畿内的な様相から見せるための工夫がされている。

五世紀中葉には宿寺山古墳（岡山県総社市、一一八メートル）と両宮山古墳（岡山県赤磐市、二〇六メートル）が作られているが規模は縮小しており、中心勢力が二つに分裂したことが暗示される。さらに五世紀後半になると一〇〇メートルを越す古墳は造られなくなる。『日本書紀』には五世紀後半の雄略天皇の時期に吉備一族の反乱とその敗北の伝承が残されているが、巨大古墳の消滅と『日本書紀』の反乱伝承とは密接な関係があったと考えられる。

大山陵（仁徳陵）古墳について

これといって高い建造物がなかった古墳時代に後円部の高さが三六メートルもあって、墳丘の長さが四八六メートルの巨大さは大王の権威の偉大さを象徴する、誰にでも分かる政治的建造物であった。三段に築成され、各段の斜面に葺石を敷き詰め、テラスには円筒埴輪列をならべ、それを三重濠が囲む、墳長八五〇メートルの偉容は、緑豊かな自然のなかでは、倭国の民衆に、そして海外から訪れる人らに、荘厳な違和感をもって受け取られたであろう。なによりも強烈な大王の自己主張がそこにはあった。

その造営にかかわった民衆はもちろん、多くの人びとは大王の墓として認識していたはずだが、中央に上番してきた地方首長や、彼・彼女に率いられた人びとは、みずからの地域の前方後円墳とくらべて、大王権力の大きさを実感したに相違ない。大王の埋葬が終わり、三重濠により閉ざされた空間には民衆の立ち入りは禁止されていた。聳え立つ大古墳は神域であり、神になった大王が眠る場所として祟りを恐れて人々は近づくことはなかったであろう。神域にただ一人眠ることは大王にのみに許された自己主張であった。

おわりに

箸墓古墳、五色塚古墳、造山古墳、大山陵古墳について、造られた場所と環境には外部の人たちに見せるための工夫がされていた。巨大化して荘厳な前方後円墳は大王の権威を顕彰するための工夫がされていた。大王墓は大王の生前から築造が始まって、見せる、顕彰する工夫がされていたことから、大王が共立されたことの自己主張であった。それは倭国が統一国家として存在することの政治的象徴であり、大王の威厳を顕示する宗教的記念物であった。

エピローグ

四世紀初めに上毛野の豪族たちが大共立して連合国を作り、倭国の一員であることの象徴としてヤマト王権の大王墓に匹敵する巨大な前方後円墳を作り顕示した。そしてヤマト王権に協力して朝鮮半島に兵を派遣した。それは何のためかというとヤマト王権に協調することにより朝鮮半島から渡来文化を呼び込み、渡来人を倭国に引き入れた経済的メリットはあった。その結果、五世紀初めから上毛野には渡来文化が栄えた。

畿内には、その後も綿々と巨大前方後円墳が造られており、考古学の研究者らは、巨大な前方後円墳を築くには、多大な労働力、財力の投入が数年にわたって必要であり、墓ではあるが、大王の威厳を持って生前から造り始めなければ、葬られるときに間に合わないとしている。そして大王が没して埋葬祭祀が終わると、次の大王が共立され、次の大王は自己主張のために巨大前方後円墳を造った。

倭国の古墳時代に始まった巨大前方後円墳文化の営みは、大王・大首長の権威・権力を見せるための工夫がされており、宗教的統合の記念物であった。また、倭国が協調して結束するための政治的統合の象徴であった。

巨大前方後円墳は少しずつ変化しているが、強い美しく見せるための構造上の共通性があり、同じく権威を象徴するための形象の共通性がある。それは倭国に大王が存在し、地域には首長が共立された連合国があり、相互に協調しあっていることを示している。それはどこでも同じ墳丘形式を採っているが、同時に大きさに明瞭な階級性を示す差異があった。

【参考史料（1）】

網野善彦、他　『古墳時代の考古学』　シンポジウム日本の考古学4　学生社　一九九八
石川日出志　『農耕社会の成立』　シリーズ日本の古代史1　岩波新書　二〇一〇
大塚初重、他　『倭国大乱と吉野ケ里』　山川出版社　一九九〇
門脇禎二　『吉備の古代史』　ＮＨＫブックス　一九九二
岸本直文、他『史跡で読む日本の歴史（2）　古墳の時代』　吉川弘文館　二〇一〇
（財）群馬県埋蔵文化財調査事業団、編　『群馬の遺跡（4）　古墳時代Ⅰ』　上毛新聞社　二〇〇四
小路田泰直、他　『死の機能：前方後円墳とは何か』　岩田書院　二〇〇九
近藤義郎　『前方後円墳の時代』　岩波文庫　二〇二〇
佐原真　『魏志倭人伝の考古学』　岩波現代文庫　二〇〇三
白石太一郎、他　『天皇陵古墳を考える』　学生社　二〇一一
千賀久　『ヤマトの王墓　桜井茶臼山古墳・メスリ山古墳』　新泉社　二〇〇八
都出比呂志　『王領の考古学』　岩波新書　二〇〇〇
菱田哲郎　『古代日本国家形成の考古学』　京都大学学術出版界　二〇〇七
広瀬和雄、他　『古墳時代の政治構造』　青木書店　二〇〇四
広瀬和雄　『前方後円墳の世界』　岩波新書　二〇一〇
平川南　『日本の原像』　日本の歴史（2）　小学館　二〇〇八
北條芳隆、他　『古墳時代像を見なおす』　青木書店　二〇〇〇
間壁忠彦、他　『古代吉備王国の謎』　山陽新聞社　一九九五
松本武彦　『列島創世記』　日本の歴史（1）　小学館　二〇〇七

茂木雅博　『古墳時代寿陵の研究』　雄山閣　一九九四
森浩一　『巨大古墳の世紀』　岩波新書　一九八一
山岸良二、他　『原始・古代日本の墓制』　同成社　一九九一
歴史読本1月号　「古代王権と古墳の謎」　ＫＡＤＯＫＡＷＡ／中経出版　二〇一五
若狭徹　『はにわ群像を読み解く』　かみつけの里博物館　二〇〇〇
和田晴吾　『古墳時代の葬制と他界観』　吉川弘文館　二〇一四
和田萃　『日本の歴史（２）　古墳の時代』　小学館　一九九二

第二章　倭国はどのようにして形成されたか

プロローグ

倭国には三世紀後半からヤマト王権が成立しており、その権威の基に東国や瀬戸内海諸国が協調し連合国を形成し、朝鮮半島をはじめとする中国王朝との外交が成立していた。初期のヤマト王権は卑弥呼が都をおいた邪馬台国に始まるとされている。これは『魏志倭人伝』に書かれている。しかし、その後の四世紀の倭国の成立状況については、文字による記録が残っていないことから空白であり、残された多くの巨大古墳群から考古学的に探求されている。だが古墳の発掘が進むにつれて、古墳時代の生活・習慣・風俗が明らかになりつつあるが、すべてが継続しているわけでないことから、倭国形成のプロセスについては多くの古代史専門家の議論がある。確かに倭国の国書とされる『日本書紀』には紀元前から五世紀初めごろまで、天皇を中心とした倭国形成のプロセスとされる記事があるが、すべてが神話であり伝承とされており歴史の史実としては信用することはできない。

本論では『魏志倭人伝』に書かれた卑弥呼による邪馬台国の始まりと、最近の考古学者らの古墳発掘の研究成果を組み合わせて、更に『宋書』倭国伝を調べることにより、三世紀中葉から五世紀中葉までの倭国形成のプロセスを考えてみる。

第一節　卑弥呼は大王に共立されて何をしたか

はじめに

卑弥呼は三世紀後半に倭国に共立された王であり、邪馬台国に都をおいている。西暦二三八年、二四三年、二四七年と三回に魏朝に朝貢している。朝貢で魏より金印を賜り、鏡などは威信材として倭国の豪族に配布している。倭国を治めるにあたって鬼道を駆使している。狗奴国と争った。二四七年以降に死去、威信を示す冢（ちょう、箸墓古墳とされる）を作っている。

以上が『魏志倭人伝』に書かれた経歴であるが、記録に残っているのは中国の国史、『魏志倭人伝』と倭国の国史、『日本書紀』だけである。よってこの二書の記載を再確認し、過去の歴史家の論評を評価する。

倭国紛争乱の後に卑弥呼が共立された

倭国争乱の後、卑弥呼は倭国の王として共立されている。倭国は当時、政治的に三〇数か国の王たちが統治していたとされており、共立の背景や具体的な経緯については情報が不足しており、明確な事実として確認することは難しい。

卑弥呼の共立後、彼女は倭国の女王として中国の魏朝との交流を行い、外交使節の派遣や書簡での約束を行っている。倭国と朝鮮半島・楽浪郡（現在の韓国・仁川周辺）とは貿易や外交が行われ、倭国は穀物やその他の物品を提供し、その代わりに朝鮮半島から鉄製品などを得た。

卑弥呼が共立された背景

倭国は当時、多くの小さな部族や国が分立しており、激しい戦闘や対立が絶えず発生していた。共立された背景には、倭国内の統一を図り、争乱を鎮める王者やリーダーの必要性があったと考えられる。卑弥呼は『魏志倭人伝』によれば女王とされ、外交使節を派遣して魏朝との交流を行って、倭国内の異なる部族を平和に統一し、政治の中心的役割を果たしたと考えられる。

卑弥呼は共立された倭国王

『魏志倭人伝』によれば、卑弥呼は共立された後、倭国の王として様々な活動を行っている。外交活動では、卑弥呼は倭国の女王として、中国の魏朝へ外交使節を派遣し、魏朝からも使者が訪問するなど、交流を維持した。彼女の指導で、倭国内に分散した部族や地域が協力し、統一的な政権の下で結集したと考えられる。また倭国内に統一した政治機構が整備されたと考えられ、王権の強化や中央集的な政府の存在があったと考えられる。さらに安定した卑弥呼の統治下で、倭国内での紛争が沈静化したとされている。社会的な安定がもたらされ、経済的な発展や文化の繁栄が促進された可能性がある。

卑弥呼は共立されたとき巫女であり、政治的権力もあった

卑弥呼が共立された当初、彼女は巫女の地位にあったとされている。当時の倭国では、宗教的な役割を担う巫女が一定の役割を持っていたと考えられ、このような地位を持つ者が、一定の政治的な影響力を持つことも考えられる。卑弥呼が共立された際に、彼女の巫女としての地位が政治的権力にどの程度利用したかについては分からないが、彼女が倭国の女王として政治的権力により外交的な役割を果たしたことは明らかである。

卑呼の墓は生前墓（寿陵）だった

卑弥呼の墓に関する情報は、歴史的な研究と伝承の間でいくつかの論争がある。一部の伝承では、卑弥呼の墓は箸墓古墳とされている。箸墓古墳は、古墳時代初期に築造されており重要な存在であるが、卑弥呼の墓であると確定された証拠は見つかっていない。

卑弥呼の活動自身にも同様の歴史的議論があり、その墓の特定についても議論が続いている。現在のところ、箸墓古墳が卑弥呼の生前墓であると確定するための証拠は見つかっていない。

おわりに

卑弥呼は通説によれば西暦一八〇年ごろに共立されて倭国王となり二四七年頃に没している。七〇年近い長期政権で多くの事績を残したことが『魏志倭人伝』から判読できる。巫女であったことから鬼道という宗教的手法をもって倭国を統治した象徴を残したと考えられる。中国王朝に三回も朝貢していることから、自らの権威を顕彰した政治的・外交的な事績があったと考えられる。

第二節　ヤマト王権の形成プロセス

はじめに

三世紀前半において、纏向遺跡の整備や纏向型古墳の王墓造営に労働力の提供がなされたかどうかは分からない。しかし、初代倭国王墓である箸墓古墳については、箸墓型前方後円墳の存在から生前造墓とみられ、三世紀中頃までに墳丘を造り上げていると考えられ、その造営に各地からの労働力の参加を考えてもよい。三世紀後半の事例になるが、外山茶臼山古墳（奈良県桜井市、二〇七メートル）の造営に関わる遺跡ではないかとされる城島遺跡で、多くの鋤が出土し、東海系や山陰系の土器が多数出土している。なお、纏向遺跡をはじめ各地の交易拠点とされる遺跡から出土する土器の大半は炊飯具の甕《かめ》であり、米と甕を持参しての労働を思わせる。纏向遺跡には各地から諸階層の人々がやってきているであろうが、多くは労務に従事したと考えられる。恒常的なものでなく、その都度の臨時的徴発が累積したものであろうが、纏向遺跡から出土する外来系土器の多さは、倭国に結びつく諸地域からの労役の比重が大きかったことを示すと考える。

岸本直文　『倭における国家形成と古墳時代開始のプロセス』
国立歴史民俗博物館研究報告　第１８５集　２０１４年2月
「三世紀初頭の倭国形成が出発点」　Ｐ３９３

倭国乱については、瀬戸内で結ばれる地域間のイニシアティブ争いと考えられ、これが鉄器の安定的確保をめぐる競合であつたとの見方が有力である。

これを契機に倭国という枠組みができ、中央権力が初めて誕生する。長引く抗争のなかで．利害を調整するため上位権力を設けることが合意されたのであろう。纏向遺跡は弥生時代のヤマト国の本拠であったが、ここに倭国の本拠となる。

共立された卑弥呼が何者なのか、ヤマト国王とは別に倭国形成に合意した諸地域のなかから推戴されたとの見方もあろう。しかし、二世紀後半のヤマト国は既に求心性をもち、三世紀になっても纏向遺跡はそのまま存続し、前方後円墳は引き続き築造され、さらにその共有へ進む。卑弥呼そのものの出自を判断することはできないが、いずれにしてもヤマト国を盟主とすることで合意されたものとみられ、ヤマト国が倭国を統率する中央権力に上昇したと考えられる。

ただし、卑弥呼が「共立」されたとの記述から、ヤマト国が圧倒したと理解することは誤りであり、倭国という枠組みができあがる際に、ヤマト国が盟主とはなるが、この枠組みに参加する諸地域が運営に関与することはありうるだろう。三世紀前半の纏向型前方後円墳あるいは箸墓古墳に、他地域で出現・定着した要素が加わっていることが指摘されており、そうしたなかに諸地域の関与を想定することは妥当であろうが、前方後円墳がヤマト国王墓として出現し、基本的にそれが継承・発展すると理解し得ることを念頭に置く必要がある。

ヤマト国の倭国王は、倭の代表権者であり、中国王朝の承認対象である。三世紀初めに公孫氏が楽浪地域にも進出し新たに帯方郡を設置し、〈魏志韓伝〉によれば韓・倭は帯方に属したという。公孫氏政権に対し、共立されて間もない倭国王が朝貢し、帯方郡に属すと記される外交関係をもち、画文帯神獣鏡がヤマト国にもたらされる。

鏡の授受や墳形の共有から考えると、各地の代表者が集まり倭国王と対面するような関係も既に成立していたと考えられる。纏向にある前方後円墳は引き続き一〇〇メートル規模を保ち、瀬戸内で結ばれる地域に現れてくる前方後円墳との格差は大きい。それが制度的といえるかどうかは検討が必要だが、格差は明瞭である。画文帯神獣鏡の面径や量もこれと同様である。倭国の枠組みに参加した首長の序列化はただちに始まっている。

〈魏志倭人伝〉によれば、卑弥呼治政の晩年に、倭国の枠組みの外にあった東海地域の勢力と考えられる狗奴国との戦争が起こっているが、それまでの約五〇年間、こうしてできあがった倭国内部の不安定を示すような記述はない。倭国という新たな枠組みはひとまず維持され、ヤマト国の倭国王のもとに各地域勢力を一定のコントロール下に置き、それぞれの利害を調整する機能は成功したといえる。伽耶の鉄を加工した鉄器の統制は効果を上げ、各地の勢力にとっては、必需材である鉄器を安定的に入手し、また中国鏡などを得ることができたのであろう。

白石太一郎　『前方後円墳の出現と終末の意味するもの』

『前方後円墳の出現と日本国家の起源』古代シンポジウム「発見・検証日本の古代」編集委員会　２０１６年11月

「前方後円墳とヤマト政権」Ｐ66

古墳時代において日本列島各地の有力な支配者層は、いずれも前方後円墳を営んでいたといってもいいわけです。戦後、日本考古学の研究が進んだ結果、古墳時代というのは単に大きな前方後円形の墓づくりが流行したというだけではなく、畿内の大和、河内の大首長を中心に、日本列島各地の首長たち、すなわち各地の政治勢力が政治連合を形成していた時代と理解されるようになりました。

この政治連合を古代史ではヤマト政権といっています。

前方後円墳に代表される日本の古墳は、一般にヤマト政権と呼ばれる政治連合、首長連合体制の政治秩序と密接な関係をもって営まれたというのが、戦後の考古学による古墳の研究の大きな成果であろうと思われます。

おわりに

古墳時代の初期ごろから倭国にヤマト王権が存在し、倭国の協調の象徴として前方後円墳を築造したと考えられる。大王の墓とされる墳長二〇〇メートルを超える巨大化した前方後円墳は畿内に集中するが、決して同じ地域に造られることはなく、畿内を移動している。造られた時期を正確に把握することは容易ではないが、綿々と続いており大王が地域の首長、豪族たちの協調により共立され、その都度ごとに大王であることの象徴として巨大前方後円墳を作ったと考えられる。共立に協調した地域の首長たちからは、大王墓を築造するための、多大の労働力の支援があったと考えられる。

第三節　ヤマト王権と地方政権

はじめに

吉備で五世紀前半に造山古墳（墳長三五〇メートル、全国四位）、続いて作山古墳（墳長二八二メートル、全国一〇位）が作られていた頃、群馬県の上毛野では五世紀中葉とされる太田天神山古墳（墳長二一〇メートル、全国二六位、畿内を除くと三位）が作られている。時を同じくして畿内河内の古市では誉田御廟山古墳（墳長四二〇メートル、全国二位）、続いて百舌鳥では大仙陵古墳（全長四八六メートル、日本最大にして世界最大級）が作られている。五世紀前半から中葉にかけて、ほぼ時を同じくして巨大前方後円墳が畿内と地方で築造されていることには興味がある。太田天神山古墳は上毛野の古墳中では群を抜いており、太田の勢力が前橋・高崎の勢力を呑み込む形で発展したことを物語っている。また同古墳の石棺には長持形石棺が用いられており、畿内の石工による築造が明らかである。この長持形石棺はヤマト政権の大王墓特有のもので、上毛野が大きな地域連合体に発展したことが示唆されるとともに、太田天神山古墳の被葬者はヤマト王権から地位を保証されていたと考えられる。

造山古墳・作山古墳は吉備という範囲で見た場合、規模が突出しており、地方を中心とした強大なまとまりを象徴している。また作り方はヤマト王権の墳丘平面型形状であり、埴輪製作法なども類似しており、誉田御廟山古墳の被葬者と造山古墳の被葬者の密接な関係を持つことで、それぞれの地位を補完しあう構造になっていたと考えられる。

倭国王と地方の首長連合の同盟

この時期、広開土王碑に記される三九一年からの高句麗と倭の交戦があり、高句麗の朝鮮半島南下が緊張感を高めていた。このため日本列島が内部的にまとまり、対外的にも大きく成長、飛躍がもとめられた。これは、高句麗の南下という東アジアの国際情勢の変化にともなう、朝鮮半島での戦争遂行のためには、吉備や上毛野など有力な政治勢力の協力が不可欠になったのである。こうした特殊な事情があったにせよ、造山古墳や太田天神山古墳のあり方は、この時期の倭国王と、その配下の各地の地方政治勢力との関係が、支配と被支配といった関係ではなく、同盟ないし連合と表現せざるをえない関係であった考えられる。こうした造山古墳の被葬者や、太田天神山古墳の被葬者は、吉備や上毛野の中の一政治勢力の首長であったわけではなく、吉備政権ともいうべき吉備の首長連合、あるいは上毛野政権ともよぶべき上毛野の首長連合の、盟主の地位にある人物であったと考えられる。

前方後円墳文化

前方後円墳文化ともいわれる政治連合力の権威と財力・結団力の上下関係を象徴するのが首長連合で作り上げる前方後円墳の大きさであったとすれば、ヤマト王権は地方の大首長の求めに応じて巨大化を認めたことが考えられる。さすればヤマト王権は、それら首長連合をはるかに凌駕するものを作らざるを得なくなり、また畿内の大首長たちには、それを達成する財力もあり、組織力もあったと考えられる。

しかし、もう一つの前方後円墳文化と考えられるのは、大首長が亡くなると、次に共立された大首長は、新たに巨大な前方後円墳を作らねばならなかった。それには財力と労働力が必要であった。上毛野では太田天神山古墳のような、巨大なものは造られておらず、先に連合に参加した首長たちは次の大首長の共立をしなかったと考えられる。吉備においても同様で五世紀後半になって場所が移動して岡山県東南部の備前に雨宮山古墳（二〇六メートル）が作られるが、その後は途絶えている。しかし畿内には少し規模が小さくはなるが巨大な前方後円墳が綿々と造り続けられている。これはヤマト王権の存在を象徴するとともに、畿内の豪族連合の結束力・財力・労働力が際立っていたことを示していることになる。

首長連合の身分秩序

造山古墳や太田天神山古墳よりは後の時代になるが、中国南朝の宋の歴史を書いた『宋書』によると、四三八年、倭王珍は、宋に使者を送っている。この時、珍は安東大将軍号を求めて安東将軍号をあたえられ、また倭・隋ら一三人に、平西、征虜、冠軍、輔国将軍号を賜るよう求め、これを許されている。この時、珍が将軍号を求めた倭・隋ら一三人というのは、ヤマト王権という首長連合の身分秩序の体系から考えると、当然大型の前方後円墳に葬られたと考えられる。畿内をはじめとする各地の有力首長層であったことは疑いない。従ってその中には当然、吉備や上毛野の大首長もふくまれていたものと考えられる。このように、五世紀の初頭から前半の段階では、ヤマト王権の盟主である大王と、各地の政治連合の大首長の関係は、基本的には同盟関係にあったものと考えられる。そのことを示すもっとも顕著な例が、畿内の倭国王墓と吉備の大首長墓がほぼ同形同大につくられていることから分かる。

白石太一郎　『考古学と古代史のあいだ』　ちくま学芸文庫　２００９

「記・紀の王統譜は信じられるか」Ｐ１４２

「ヤマト王権と地域政権」

群馬県域は、かつて上毛野とよばれていました。おそらくこの上毛野の大首長の死にさいして、近畿の王や有力首長層の石棺を作っていた工人が東国に派遣され、太田天神山古墳の被葬者のための長持形石棺をつくったのでしょう。お富士山古墳の石棺も、おそらくこの時につくられたものと思われます。このこともまた、この時点では、近畿の王と東国の上毛野の大首長とは、同盟と表現するのが適当な関係にあったことを示すものにほかならないと思います。

（中略）

古墳の出現期の三世紀中葉すぎから後半の段階では、連合の盟主であるヤマトの王墓である箸墓古墳（二八〇メートル）に対して、連合に加わった各地の地域連合のなかでもっとも有力であった吉備の首長墓である浦間茶臼山古墳（一四〇メートル）の墳丘規模が、ちょうど二分の一であったのに対し、五世紀はじめの段階では、それが同じ大きさになっていることが注目される。これは、さきにもふれた高句麗の南下という東アジアの国際情勢の変化にともなう、朝鮮半島での戦争遂行のためには、吉備や上毛野など有力な政治勢力の協力が不可欠であったためである。こうした特殊な事情があったにせよ、造山古墳や太田天神山古墳のあり方は、この時期の倭国王と、その配下の各地の地域的政治勢力との関係が、支配―被支配といった関係ではなく、同盟ないし連合と表現せざるをえない関係であったことを示すものとして重要である。

おわりに

造山古墳や太田天神山古墳の被葬者は、吉備や上毛野の中の一政治勢力の首長であったわけではなく、吉備政権ともいうべき吉備の首長連合、あるいは上毛野政権ともよぶべき上毛野の首長連合の、盟主の地位にある人物であったと考えられる。

吉備地域では五世紀はじめ頃の造山古墳のあと、五世紀前半には作山古墳（二八六メートル）が、五世紀中葉頃には、両宮山古墳（一九二メートル）などの巨大古墳が引きつづき造営されている。これらのうち造山古墳と作山古墳が、ともにのちの備中の地域に造営されているのに対し、両宮山古墳はのちの備前の地域に営まれている。これは、畿内の王権の場合と同じように、吉備連合の盟主権は、この連合に加わるいくつかの政治勢力の間を移動して共立されたと考えられる。

第四節　ヤマト王権の崇神天皇

はじめに

『魏志倭人伝』によると、三〇数か国から共立されて倭国の女王となった卑弥呼は邪馬台国に都があった。二三八年（景初二年とされる）に倭女王卑弥呼は大夫の難升米らを派遣し、帯方郡にて中国の皇帝に朝見を求め、魏の洛陽に行き、初代の親魏倭王として冊封されている。

後裔の二代目の女王とされる台与は、どこに都があったかは分っていない。二六六年（泰始二年とされる）に大夫で率善中郎将の夜邪狗らを魏に派遣して朝貢しているので、親魏倭王に冊封されたと考えられる。この後の倭国からの朝貢の記録はない。しかし倭国では台与の後も王統が続いており、畿内に大王の墓とみなされる巨大な前方後円墳が綿々と築き続けられていることから分かる。しかし、どのような王統であったか中国王朝の国書による記録がないことから分からない。このため、この時期の倭国の歴史については、文字による記録がないことから空白の四世紀とされている。これは倭国の国書とされる『日本書紀』による記事が信用できないとも解釈される。『日本書紀』によると四世紀前半に第一〇代崇神天皇が倭国を統治したとしているが、この虚飾について考えてみる。

三世紀の巨大前方後円墳

畿内の巨大前方後円墳は大きく見て、三世紀にまず大和南部、そして柳本古墳群が優越性を確立し、次に大和北部の佐紀盾列古墳群の勢力に交替し、五世紀には河内・和泉の古市・百舌鳥古墳群に最大級の古墳が出現する。

大王墓とみなされる墳長二〇〇メートルを超す巨大な前方後円墳については、近代の考古学者の研究成果により、その構築順序が判明している。まず箸中古墳群の箸墓古墳（奈良県桜井市箸中、二八〇メートル）、ついで北方の大和古墳群の西殿塚古墳（奈良県天理市中山町、二四〇メートル、手白香皇女陵）、ついで南の鳥見山古墳群の外山茶臼山古墳（奈良県桜井市外山、二〇七メートル）、ついで同じ古墳群のメスリ山古墳（奈良県桜井市高田、二二四メートル）、ついで柳本古墳群の行燈山古墳（奈良県天理市柳本、二四〇メートル、崇神天皇陵）、ついで同じ古墳群の渋谷向山古墳（奈良県天理市渋谷、三一〇メートル、景行天皇陵）となる。

これらの前方後円墳は、この三世紀から四世紀中葉までの古墳としては、日本列島各地の大型古墳と比較してもいずれも隔絶した規模をもっている。このことから、これらの古墳がヤマト王権の盟主、すなわち大王墓であることは疑いない。おそらく卑弥呼、すなわち初代の大王墓から、第六代までの大王墓がすべてこの地域に営まれていたと考えられる。

この初期の大王墓は、いずれも奈良盆地東南部の大和の地に営まれながらも、それらがすべて同一の古墳群に代々営まれているわけでなく、この地の四つの古墳群に分かれて一、二基ずつ営まれている。古墳群というのは、血縁的な同族関係で結ばれた一つの政治集団が営んだものと考えられるので、四つの古墳群に分かれて営まれていることは、大王となった政治集団が移動していたと考えられる。このことは、逆に見れば四つの古墳群の大王同士には血縁関係はなかったが、畿内の政治集団から共立されて大王となり、その証として巨大前方後円墳を営んだことになる。また王統が移動していることは、大王を出していた政治集団の結束力が弱くなり、次の大王を支える個々の集団の力が強くなっていた可能性が考えられる。

崇神天皇は共立された大王

崇神天皇は日本の神話に登場する伝説上の存在であり、空白の四世紀とされるので歴史的な史実は存在しない。崇神天皇についての情報は神話や伝承に基づいており、実在性については議論の余地がある。また、特定な年齢や第一〇代天皇であるかどうかについても確かな情報がない。崇神天皇の御陵については特定的な場所が特定されておらず、『日本書紀』の記事には疑問がある。文献史学の研究者らが指摘する、倭国の第一〇代の崇神天皇は、その和名が「御間城入彦五十瓊殖天皇（みまきいりびこいにえのすめらみこと）」とされるので、いかにも古代人名らしいので存在観があるとされている。また『日本書紀』に事績が記載されている初めての天皇なので存在感があるとさている。後継の血縁で結ばれている天皇も事績の記事があることからも存在感があるとされている。しかし考古学の研究者らからは、いずれの事績も確認できないことから、この天皇は伝承であり、神話ではないかとされている。

▲崇神天皇陵

しかし第二代倭王であった台与の後継とされ、畿内で共立されたヤマト王権の大王は、綿々と巨大な前方後円墳を築いており、それが事績として残されている。また、中国王朝への朝貢はしなかったが、朝鮮半島の諸国とは鉄資源の確保、大陸の先進文化の導入などで交流があったはずなので、それらの事績の発見が考古学の研究者に求められている。

白石太一郎『考古学と古代史のあいだ』ちくま学芸文庫　２００９
「初期ヤマト王権の基盤とその原領域」Ｐ92

次にこのヤマト王権の中核をになった、奈良盆地東南部の政治勢力のあり方をみてみることにしましょう。奈良盆地東南部、そのほぼ中央にあるのが、箸墓古墳ですが、この地域には箸墓をふくめて、墳丘の長さが二〇〇メートルをこえる、前期初頭から前期中ごろまで、すなわち三世紀中葉すぎから四世紀中ごろまでの大型前方後円墳が六基もあります。（中略）

この初期の倭国王墓のあり方で興味深いことは、それらがいずれも奈良盆地東南部の大和の地に営まれながらも、それらがすべて同一の古墳群に代々営まれているわけでなく、この地の四つの古墳群に分かれて一、二基ずつ営まれていることです。

私は、古墳群というのは、血縁的な同族関係で結ばれた一つの集団が営んだものと考えています。古墳がヤマト政権の政治秩序と密接な関係をもって営まれたものであるとすれば、それらの古墳群を営んだ集団は、政治的な集団にほかならないということになります。のちに氏とよばれるような政治集団を想定しても大きなまちがいはないものと考えています。とすれば、初期のヤマト政権の盟主、すなわち初期の倭国王は、やまとのいくつかの有力な政治集団から出て、交替でその地位につくといった形の王位の継承が行われていたということになります。それは、記・紀が初期の天皇の皇位継承について描いているような、一つの王家の男系世襲制による王位の継承とはほど遠いものであったことが想定されます。

おわりに

『魏志倭人伝』によれば倭国の初代大王は卑弥呼であった。その後裔が台与であったことは間違いない。台与の後裔が第一〇代崇神天皇とされ、行燈山古墳に埋葬されたとする『日本書紀』の記事は信じられない。

また崇神天皇の後裔は血縁関係で結ばれていたとの記事も信用することはできない。しかし巨大化した前方後円墳が綿々と築造され、奈良盆地東南部を移動している。このことは、大王墓に眠る被葬者はヤマト王権の王統につながる大王であって、移動した地域を基盤として畿内の国々・部族により共立された大王であり、血縁関係はなかったと考えられる。

第五節　大王墓と天皇陵を見直す

はじめに

四世紀末から五世紀前半の大阪平野の大王墓級の巨大前方後円墳は、中ツ山古墳（大阪府藤井市沢田、二八六メートル、中津山陵）→上石津ミサンザイ古墳（大阪府堺市西区、三六五メートル、履中天皇陵）→誉田御廟山古墳（大阪府曳野市誉田、四二〇メートル、応神天皇陵）→大仙陵古墳（大阪府堺市堺区、四八六メートル、仁徳天皇陵）と編年することが可能であり、河内の古市古墳群（中ツ山古墳）→百舌鳥古墳群（上石津ミサンザイ古墳）→古市古墳群（誉田御廟山古墳）→百舌鳥古墳群（大仙陵古墳）というように、両古墳群の間で交互に大王墓が営まれていた可能性が大きい。これは先学の考古学研究の成果として認められている。古市古墳群には墳長二〇〇メートルを超す巨大前方後円墳が六基あり、いずれも標高二四メートル以上の大地や丘陵上にある。これに対して百舌鳥古墳群は約一〇キロメートル以上離れた大阪湾側にあり墳長二〇〇メートルを超す巨大前方後円墳が四基あり、いずれも海岸線に近い台地上に築かれている。これらの特徴を考えると、両古墳群は距離がはなれており、地勢の特徴に差異があり、それぞれの巨大古墳を築いた部族は同じではないが、協調関係にあったと考えられる。

百舌鳥古墳群に限っては、『日本書紀』には仁徳とその子の履中・反正の三代の陵が営まれたと記載されている。このことを根拠にして、最初に営まれた上石津ミサンザイを履中陵とし、それにつぐ時期の大仙陵を仁徳陵に田出井山古墳（大阪市堺市堺、一四八メートル、反正天皇陵）を反正陵に宮内庁が治定する現在の指定は明らかにまちがっていることになる。さらに、仁徳・履中・反正の三代の王墓がつづけて百舌鳥古墳群に営まれたとする『日本書紀』の記載も間違っていることになる。

五世紀の巨大前方後円墳

広開土王碑に記される三九一年からの高句麗と倭の交戦は、高句麗の朝鮮半島南下が緊張感を高め、日本列島が内部的にまとまり、対外的に大きく成長することがもとめられた。四世紀末から五世紀にかけて日本列島では前方後円墳文化を共有していたが、地方政権の成立もあり圧倒的優位を持つ国府が築かれておらず、権力が分散し、混沌とする状況であった。大和・河内では墳長二〇〇メートルほどを上限に、奈良県佐紀盾列・馬見と大阪府古市の大型墳は相並んだ墳丘規模にあった。こうしたヤマト王権内の混沌さを抜けたのは、五世紀前半の古市古墳群の中ツ山古墳、百舌鳥古墳群の上石津ミサンザイ古墳、ついで古市の誉田御廟山古墳、ついで大仙陵古墳と順次に造られたことは先に述べた。

これは他地域の古墳より相対的に大きな古墳を築くことで、一定の強固なまとまりを再編成し、物質的に凌駕、顕示することを試みた結果に他ならない。日本列島の主な地域には抜きんでた巨大前方後円墳が存在する。しかもその立地はその地域の主要地に近い。すなわち、前方後円墳を媒介とした地域間のつながりという前代の方式から、各地の領域化を基礎とし、大和王権に求心力を求める構造へと志向していった。この時期に日本列島の中で最も墳墓の築造が激化したのは畿内中央部であり、畿内内部で分裂しかけていた連合勢力はさらに結びつきを強め、その範囲を列島全域に拡げていったと考えられる。

白石太一郎　『考古学と古代史のあいだ』　ちくま学芸文庫　２００９
「記・紀の王統譜は信じられるか」Ｐ１３６

古代の王墓と天皇陵仁徳とその子の履中・反正三代の陵（本来は即位した天皇の墓をいう）は、記・紀によると百舌鳥ないし百舌鳥耳原とぃうところにあったことになっています。また『延喜式』は仁徳陵を百舌鳥耳原中陵、履中陵を百舌鳥耳原南陵、反正陵を百舌鳥耳原北陵と伝えています。現在宮内庁は、中央のもっとも大規模な大仙陵古墳を仁徳陵に、その南の上石津ミサンザイ古墳を履中陵に、大仙陵古墳の北のあまり大きくない前方後円墳である田出井山古墳（墳丘長一四八メートル）を反正陵に指定しています。百舌鳥古墳群には、誰がみても王墓と考えられるような巨大な前方後円墳として、大仙陵、上石津ミサンザイ、土師ニサンザイ古墳の三基があります。このうち土師ニサンザイ古墳をはずして、王墓とは考えがたい小さな田出井山古墳を選んだのは、仁徳・履中・反正の三天皇陵が、中・南・北にならぶという『延喜式』の史料によった結果であることは明らかです。

ところで、最近では古墳に立てならべられている円筒埴輪の編年研究がすすみ、これら内部の調査のできない陵墓指定の古墳についても、その造営年代の想定が可能になってきています（川西宏幸「円筒埴輪総論」『古墳時代政治史序説』塙書房、１９８８年）。それにしたがうと、上石津ミサンザイ古墳では第Ⅲ期の円筒埴輪が、大仙陵古墳と土師ニサンザイでは第Ⅳ期の円筒埴輪が用いられていることが明らかにされており、同じ第Ⅳ期でも大仙陵古墳のものが土師ニサンザイ古墳のものより古いと考えられています。つまりこの百舌鳥古墳群の三大前方後円墳は、上石津ミサンザイ→大仙陵→土師ニサンザイの順に造営されたことが知られているのです。この円筒埴輪の編年研究の成果と、この地に仁徳とその子の履中・反正の三代の陵が営まれたとする記・紀の記載を総合すると、最初に営まれた上石津ミサンザイを履中陵とし、それにつぐ時期の大仙陵を仁徳陵に比定する現在の指定は明らかにまちがっていることになります。また墳長一四八メートルの田出井山古墳を王陵と考えるのは無理なことも明らかです。これは『延喜式』の史料にもとづいて比定した結果生じたあやまりにほかなりません。

『延喜式』にはほかにも、「狭城盾列池後陵（成務陵）」と「狭城盾列池上陵（神功皇后陵と、あるいは「恵我長野西陵（仲哀陵）」と「恵我長野北陵（允恭陵）」というように、近接する陵の相対的な位置関係を明示した陵名がみられます。これは、持統五年（六九一）に陵墓守護の詔がだされ、天皇家の祖先の陵墓を国家として祀ることが定められますが、その際に現地にあたって比定が行われた際のものであろうと私は考えています。したがって、こうした『延喜式』による陵墓の考定作業は、持統朝の比定作業を考証しているにすぎないことになります。

仁徳・履中・反正の陵が、百舌鳥ないし百舌鳥耳原にあるとする記・紀の記載は、百舌鳥古墳群に、王墓と考えられる巨大古墳が三基あるという考古学的事実と一致しています。そこで最近の考古学による円筒埴輪の編年研究の成果にしたがって、上石津ミサンザイを仁徳陵に、大仙陵を履中陵に、土師ニサンザイ古墳を反正陵に比定すればどうでしょうか。現在の考古学的な年代観では、上石津ミサンザイは五世紀初頭頃、大仙陵古墳は五世紀前半、土師ニサンザイ古墳は五世紀中葉頃と考えられますから、少なとも仁徳・履中の想定される在位年代ともほぼみごとに整合します。

このように最近の考古学的な円筒埴輪の編年研究の成果をもとに、百舌鳥古墳群の王陵の比定をやりなおすと、記・紀の記載と考古学資料としての古墳のあり方がみごとに一致します。それではこの再比定は正しいのでしょうか。たしかに百舌鳥古墳群の中だけで考えていると、これでたしかなように思えます。しかしさきにのべたように、四世紀末から五世紀前半の大阪平野の王墓級の巨大前方後円墳は、仲ツ山→上石津ミサンザイ→誉田御廟山→大仙陵古墳と編年することが可能であり、古市→百舌鳥→古市→百舌鳥というように、両古墳群の間で交互に王墓が営まれている可能性が大きいこともまた、考古学的な研究の成果として認めざるをえないのです。仁徳・履中・反正の三代の王墓がつづけて百舌鳥古墳群に営まれたとするさきの想定は成り立たないことになります。

河内のヤマト王権

大和川水系の河内に成立したヤマト王権は一つの政治勢力ではなく、古市古墳群の勢力と百舌鳥古墳群の勢力と二つあり、交互に王位に就いたことが、大王墓の巨大前方後円墳の移動があったことから読み取れる。しかし百舌鳥の大仙陵古墳（四八六メートル、日本最大にして世界最大級）の後は、大王墓級として百舌鳥に土師ミサンザイ古墳（大阪市堺市北区、二九〇メートル、反正天皇の空墓）、古市に岡ミサンザイ古墳（大阪府藤井寺市藤井、二四五メートル、仲哀天皇陵）が五世紀中葉から後半に造られたが、明らかに規模が縮小されている。

中国六朝（南朝六代：呉、晋、宋、斉、梁、陳）の第三王朝である宋帝国の正史『宋書』（五一三年ごろ完成）には、倭の五王が宋の冊封体制下に入って朝献し官爵を求めたことが記されている。

四一三年には倭王の讃が貢物を献じている。四三八年には讃の弟とされる珍が朝献するとともに正式な官爵を求めている。讃・珍の遣宋使の目的は、中国の先進的な文明を摂取すると共に、中国皇帝の威光を借りることによって当時のヤマト王権に従おうとしない地方の大首長や畿内の諸豪族を抑え、王権の優位を安定させる意図があった。遣宋使が派遣されたことは、朝鮮半島での交易ルートが整備されていたことになり、さらに列島での経済基盤が発展し、王権下に行政組織が形成されつつあり、王権が伸張していたことを意味する。この段階では巨大前方後円墳文化によりヤマト王権の上位構造を明示する必要が軽減されてきたことが考えられる。

おわりに

本論ではヤマト王権の形成プロセスを巨大前方後円墳の造られた編年から説明し、ヤマト王権の機内での王朝の交替があったことを大王墓の移動から説明している。従って、巨大前方後円墳が『日本書紀』に記されたどの天皇が被葬者であるか、また讃・珍がどの天皇かを論じていていない。これらについては、著名な考古学者の研究成果に従うこととしたい。

第六節　倭の五王の倭国形成のプロセス

はじめに（『宋書』倭国伝の引用）

倭国は高麗（高句麗）の東南大海の中にあり、世々貢職（みつぎ）を修む。

高祖の永初二年（四二一）、詔していうには、「倭讃万里貢を修む。遠誠宜しく甄（あらわ）すべく、除授（官位）を賜うべし。」と。

太祖の元嘉二年（四二五）、讃、また司馬曹達を遣わして表を奉り方物を献ず。

讃死して弟珍立つ。使いを遣わして貢献し、自ら使持節都督倭・百済・新羅・任那・秦韓・慕韓六国諸軍事、安東大将軍、倭国王と称し、表して除正せられんことを求む。詔して安東将軍・倭国王に除す。珍、また倭隋等十三人を平西・征虜・冠軍・輔国将軍の号に除正せんことを求む。詔して同じく認めた。

二十年（四四三）、倭国王済、使いを遣わして奉献す。また以て安東将軍・倭国王となす。

二十八年（四五一）、使持節都督倭・新羅・任那・加羅・秦韓・慕韓六国諸軍事を加え、安東将軍は故のごとく、ならびに上る所の二十三人を軍郡に除す。済死す。世子興、使を遣わして貢献す。

世祖の大明六年（四六二）、詔していわく、「倭王世子興、奕世戴（すなわ）ち忠、藩を外海に作（な）し、化を稟（う）け境を寧（やす）んじ、恭しく貢職を修め、新たに辺業を嗣ぐ。宜しく爵号を授くべく、安東将軍・倭国王とすべし。」と。興死して弟武立ち、自ら使持節都督倭・百済・新羅・任那・加羅・秦韓・慕韓七国諸軍事、安東大将軍、倭国王と称す。

順帝の昇明二年（四七八）、使を遣わして上表す。いわく、

「封国は偏遠にして、藩を外に作す。昔より祖禰躬（みずか）ら甲冑をツラヌき、山川を跋渉し、寧処に

遑あらず。東は毛人を征すること五十五国、西は衆夷を服すること六十六国、渡りて海北を平ぐること九十五国、王道融泰にして、土を廓（ひら）き、畿を遐（はるか）にす。累葉朝宗して歳に愆（あやま）ず。臣、下愚なりといえども、忝なくも先緒を胤（つ）ぎ、統（す）ぶる所を駆率し、天極に帰崇し、道百済を遙（へ）て、船舫を装治す。しかるに句麗無道にして、図りて見呑を欲し、辺隷を掠抄し、虔劉して已まず。毎に稽滞を致し、以て良風を失い、路に進むといえども、あるいは通じあるいは不（しか）らず。臣が亡考済、実に寇讎の天路を壅塞（ようそく）するを忿（いか）り、控弦百万、義声に感激し、方に大挙せんと欲せしも、奄（にわか）に父兄を喪い、垂成の功をして一簣を獲ざらしむ。居（むな）しく諒闇にあり兵甲を動かさず。これを以て、偃息して未だ捷たざりき。今に至りて、甲を練り兵を治め、父兄の志を申べんと欲す。義士虎賁文武功を効し、白刃前に交わるともまた顧みざる所なり。もし帝徳の覆戴を以て、この彊敵を摧（くじ）き克く方難を靖んぜば、前功を替えることなけん。窃かに自ら開府儀同三司を仮し、その余は咸（み）な仮授して以て忠節を勧む。」と。

詔して武を使持節都督倭・新羅・任那・加羅・秦韓・慕韓六国諸軍事、安東大将軍、倭王に除す。

倭の五王の朝献とは

朝鮮半島諸国との外交を有利に進め、なおかつ四世紀後半以降獲得した朝鮮半島における権益に関して国際的承認を得ることは、遣宋使の重要な目的であったとされている。五世紀の倭の五王はそれぞれ南朝の宋に対して、いずれも官爵を要請したことが知られるが、その政策の背景には、高句麗の南下に対抗して、朝鮮半島における軍事権を確保しようとする意図があったことが指摘される。

永初二年（四二一）、元嘉二年（四二五）に讃は遣使して安東将軍・倭国王に冊封されている。

元嘉一五年（四三八）、讃の弟である珍が遣使して安東将軍・倭国王に冊封されている。

元嘉二〇年（四四三）、倭国王済、使いを遣わして奉献。また以て安東将軍・倭国王となす。

讃、珍、済の朝献と上表文による官爵の要求に対して、いずれの倭王も安東将軍・倭国王に冊封されている。卑弥呼が魏に朝貢したときには「親魏倭王」の金印を下賜されている。それに対して讃、珍、済の三王が冊封されたのは「安東将軍・倭国王」であり、倭王から倭国王に変わっている。安東将軍とは倭国の軍事を取り仕切る将軍の意味であり、いずれも倭国内での権益を認められたことになり、朝鮮半島における軍事権には及んでいない。

『宋書』倭国伝に示す讃に始まる宋への朝貢は『魏志倭人伝』に示す台与が泰初（二六六）に西晋朝貢してから一五五年ぶりとなり、ようやく空白の四世紀が終わり、倭国の古墳時代の事績が文字に残されており、ある程度の現実的な歴史展開が得られることになる。

では何故、遣宋使が可能になったかを考えると、朝鮮半島諸国との外交を有利に進め、高句麗の南下に対抗して、朝鮮半島における軍事権を確保する必要があり、倭国のヤマト王権と地方の首長連合の結束が強くなったことが考えられる。当然の結果として河内にあったヤマト王権も強大になり、それまでは共立されていた王統も讃と珍が兄弟であるように血脈で繋がるようになり、王権の権威の象徴で前方後円墳もさらに巨大化したと考えられる。これに財力がかかり、交易・軍事力の強化が必要な遣宋使が可能になったと考えられる。

倭の五王の上表文とは

『魏志倭人伝』にある卑弥呼・台与の朝貢には使訳（通訳のこと）が同伴し、上奏も口頭で中国語で行われたと考えられている。従っての朝貢の記録は貢献した品々と下賜された品々に限られている。

倭の五王の遣使では漢字で上奏文が書かれており、倭王の官爵要請は、中国王朝から冊封されることによって、中国王朝を中心とする政治的秩序構造に参加し、それによって自国の権威を高め、王統の身分階級を明確にするものであった。このことを最も明確に示しているのが武の上表であり、倭は宋の遠辺に位置するその藩国であり、宋のために周辺の小国を平定して宋の範囲を拡大したことが記るされており、これは宋を天下の中枢とみなし、宋による世界秩序を至上の秩序とする態度に外ならない。

倭王たちは宋帝に朝鮮半島の軍事的支配権を承認してくれるよう繰り返し上申し、四三八年に珍は「使持節 都督 倭・百済・新羅・任那・秦韓・慕韓六国諸軍事 安東大将軍 倭国王」の承認を要求したが、「安東将軍倭国王」以外は却下された。四五一年に南朝は済に対して倭本国、新羅、任那、加羅、秦韓、慕韓の軍事的支配権を承認し、武も「使持節 都督 倭・新羅・任那・加羅・秦韓・慕韓六国諸軍事 安東大将軍 倭王」を授与されたが、南朝と国交のある百済だけは承認せず、武は百済に対する軍事的支配権の承認を繰り返し要求したことが記録されている。『宋書』倭国伝にある武の四七八年遣使の際の上表文には「東は毛人五五国を征し、西は衆夷六六国を服す。渡りては海北九五国を平ぐ云々」とあって、大和朝廷の国土統一、朝鮮半島遠征の状況過程を伝え、百済の国名と父・済の名を出して思いを訴えている。

おわりに

倭王讃が宋朝に朝献を始めたことは、倭国の王権の結束が強化され、外交使節を出せるほどに経済力・交易力が強化されことが考えられる。讃死して弟珍立つ。済死す。世子興、使を遣わして貢献す。との宋書の記載から、王統が血縁関係で結ばれるようになったことが分かり、行政組織、軍事力が強化されて倭国として国力が強化されことが考えられる。すなわち、讃が宋朝に外交使節を派遣したことは倭国として冊封を得ることにより、権威の象徴を、巨大前方後円墳を築造して見せることから、上表文に掲げられているように階級社会・身分制度を顕示することにしたと考えられる。

エピローグ

　本論は、三世紀の中葉とされる古墳時代の始まりの時期に畿内の大和に巨大化した前方後円墳が最初に築造され、それが箸墓古墳であることに言及することから始めている。考古学の研究者らは、その巨大性に着目し、目安として墳長が約二〇〇メートルを超すものは、大王級のものであるとしている。さすれば、当時の大王は中国の魏王朝から最初に親魏倭王として冊封された卑弥呼であり、箸墓古墳は卑弥呼を祀っていることになる。

　畿内には、その後も綿々と巨大前方後円墳が造られており、考古学の研究者らは、巨大な前方後円墳を築くには、多大な労働力、財力の投入が数年にわたって必要であり、墓ではあるが、大王の威厳を持って生前から造り始めなければ、葬られるときに間に合わないとしている。

　卑弥呼が始めた巨大前方後円墳文化には、卑弥呼が巫女であったことを考えれば宗教的観念があるので、単純な墓ではなかった。また倭王であったことを考えれば政治的観念が感じられ、単純な巨大建造物ではなかった。倭国の古墳時代に始まった巨大前方後円墳文化の営みは、倭国が協調して結束するための宗教的統合の記念物であり、政治的統合の象徴であった。

　四世紀末から五世紀前半の大阪平野の大王墓級の巨大前方後円墳は、中ツ山古墳→上石津ミサンザイ古墳→誉田御廟山古墳→大仙陵古墳と編年されており、河内の古市古墳群→百舌鳥古墳群→古市古墳群→百舌鳥古墳群というように、両古墳群の間で交互に王墓が営まれており、王朝が交替し移動していた。

　本論は、ヤマト王権の形成プロセスを巨大前方後円墳が造られた編年から説明し、ヤマト王権の畿内での交替を大王墓の移動から説明している。これらから、大王を共立し、古墳群を形成した部族・豪族が畿内で移動しており、これに伴い王朝も交替していたことを説明している。

【参考史料（2）】

東潮　『魏志東夷伝が語る世界　邪馬台国の考古学』　角川選書　二〇一二
跡部正明　『古代史について』　自己出版ｍｙ books　二〇二一
石原道博、編　『魏志倭人伝、他三篇』　岩波文庫　一九五一
石母田正　『日本の古代国家』　岩波文庫　二〇一七
井上光貞　『日本国家の起源』　岩波新書　一九六〇
井上秀雄　『古代朝鮮』　講談社学術文庫　二〇〇四
宇治谷孟　『全現代語訳　日本書紀（上）（下）』　講談社学術文庫　一九八八
宇治谷孟　『全現代語訳　続日本紀（上）（下）』　講談社学術文庫　一九九二
大塚初重　『邪馬台国をとらえなおす』　講談社現代新書　二〇一二
大津透　『古代の天皇制』　岩波書店　一九九九
大平裕　『「任那」から読み解く古代史』　PHP 文庫　二〇一七
門脇禎二　『葛城と古代国家』　講談社学術文庫　二〇〇〇
門脇禎二　『日本古代政治史論』　塙書房　一九八一
門脇禎二　『日本古代共同体の研究』　東京大学出版会　一九六〇
加藤謙吉　『渡来氏族の謎』　祥伝社新書　二〇一七
加藤謙吉、他　『NHK さかのぼり日本史　外交篇１０　こうしてクニが生まれた』　ＮＨＫ出版　二〇一三
河内春人　『倭の五王』　中公新書　二〇一八

岸本直文『倭における国家形成と古墳時代開始のプロセス』国立歴史民俗博物館研究 報告 第一八五集 二〇一四
佐藤信、編『古代史講義 邪馬台国から平安時代まで』ちくま新書 二〇一八
篠川賢『国造』中公新書 二〇二一
島根県古代文化センター『しまねの古代文化 第25号 古代文化記録集』二〇一八
島根県古代文化センター『古代出雲ゼミナールⅥ』古代文化連続講座記録集 二〇二〇
下出積與『道教と日本人』講談社現代新書 一九七五
白石太一郎、他『発見・検証日本の古代Ⅰ 纒向発見と邪馬台国の全貌』ＫＡＤＯＫＡＷＡ 二〇一六
白石太一郎、他『発見・検証日本の古代Ⅱ 騎馬文化と古代のイノベーション』ＫＡＤＯＫＡＷＡ 二〇一六
白石太一郎、他『発見・検証日本の古代Ⅲ 前方後円墳の出現と日本国家の起源』ＫＡＤＯＫＡＷＡ 二〇一六
白石太一郎『古墳からみた倭国の形成と展開』敬文舎 二〇一三
白石太一郎『考古学と古代史のあいだ』ちくま学芸文庫 二〇〇九
白石太一郎『古墳とヤマト政権 古代国家はいかに形成されたか』文春新書 一九九九
鈴木靖民、編『倭国と東アジア 日本の時代史2』吉川弘文館 二〇〇二
鈴木靖民、他『伽耶はなぜほろんだか』大和書房 一九九八
高田貫太『海の向こうから見た倭国』講談社現代新書 二〇一七
田中俊明『古代の日本と加耶』山川出版社 二〇〇九
田中史生『国際交易の古代列島』角川選書 二〇一六
都出比呂志『古代国家はいつ成立したか』岩波新書 二〇一一
都出比呂志、編『古代史の論点4 権力と国家と戦争』小学館 一九九八

辻田淳一郎『鏡の古代史』角川選書　二〇一九
寺沢薫『王権誕生　日本の歴史2』講談社　二〇〇〇
直木孝次郎『日本古代国家の成立』講談社学術文庫　一九九六
中村啓信『現代語訳付き　風土記（上）』角川ソフィア文庫　二〇〇九
中村啓信『現代語訳付き　古事記』角川ソフィア文庫　二〇〇九
平林章仁『謎の古代豪族　葛城氏』祥伝社新書　二〇一三
前田晴人『神功皇后伝説の誕生』大和書房　一九九八
三浦祐之『古事記を読みなおす』ちくま新書　二〇一〇
水谷千秋『古代豪族と大王の謎』宝島社新書　二〇一九
水野祐『日本国家の成立』講談社現代新書　一九六八
山尾幸久『日本古代王権形成史論』岩波書店　一九八三
吉田晶、他『日本と朝鮮の古代史』三省堂選書　一九七九
歴史読本編集部編『ここまでわかった！　邪馬台国』新人物文庫　二〇一一
歴史科学協議会編「歴史評論　二〇一四年五月号（3世紀の東アジア―卑弥呼と『三国志』の世紀）」校倉書房
渡辺義浩『魏志倭人伝の謎を解く』中公新書　二〇一二

第三章　物部氏の伝承と史実

プロローグ

『日本書紀』によれば西暦五五二年に百済の聖明王から欽明天皇へ釈迦仏の金銅像が贈られたのが仏教の公伝とされている。欽明天皇が群臣（まえつぎみ）に仏教を受容すべきかを尋ねたところ、蘇我稲目は受容を主張したのに物部尾輿は反対している。やがて敏達天皇期が過ぎ後継の用明天皇が崩御すると長年対立してきた大連物部守屋を大臣蘇我馬子が用明二年（五八七）に討伐している。この豪族同士の争いを干支暦で丁未の乱という。この争いがあったことで、倭国では古墳時代の最中ながら仏教が受容され、やがて大王の宮廷が磐余から飛鳥に遷ったことで飛鳥文化が花開いた。

丁未の乱は倭国の政治構造、文化形成に大きく寄与したが、古代の内乱の記録は『日本書紀』にしか残っていない。それによれば丁未の乱は、仏教の受容を巡って大臣・蘇我馬子と対立した大連・物部守屋が戦い、皇族や諸豪族も参戦している。しかし蘇我氏が渡来系氏族を介して物部氏の勢力圏へ侵攻してきたことによって始まる政治権力争いであった、あるいは皇位継承に関わる争いであったとも読み取れる。

『日本書紀』の丁未の乱に係る記述を分析することにより、物部守屋の出自、繁栄、滅亡を研究し、騒乱の原因を追求する。

第一節　物部氏の成立

物部氏の出自

古墳時代の豪族であった物部氏については多くの先学が研究している。なんといっても『日本書紀』の記述するところでは、物部氏の祖先とされる饒速日尊が神武天皇の大和入りに先立って、天磐船に乗って河内に舞い降りており、大和で神武天皇を出迎え、奉仕したことになっている（一）。崇神天皇朝では同じく祖先である伊香色雄命が協力・奉仕したと記述されている（二）。これらの記事をそのまま信ずることはできないが、祖先伝承を持つ有力豪族であって、天皇家に奉仕しながらも古墳時代の文化形成に役立ち、飛鳥時代、白鳳時代まで活躍した豪族であったことは確かである。

先学の研究を紐解きながら物部氏を職学について考えてみる。「物（モノ）＋部（べ）」という語構成で物は王権に協力・奉仕に関わる宗教的・軍事的・物質的な諸物を意味するのであり、部はそれらを専門的に扱う集団を表している。物部氏とは王権により作られた集団であったが、やがて才能が優れた者が現れ連（むらじ）として管理者になり、豪族化している。従って、葛城氏、尾張氏、阿刀氏といった地名をウジ名とする豪族や蘇我氏、阿部氏、平郡氏といった大和在地の豪族たちとは出自が違っていることになる。このような物部氏の成立については、松尾光（三）、前田晴人（四）、篠川賢（五）、加藤謙吉（六）、本位田菊士（七）、畑井弘（八）、志田淳一（九）、野田嶺志（一〇）、直木孝行郎（一一）らが、大和王権に協力・奉仕する部民制度が古墳時代にはあったことは正しいとする立場から、物部氏の出自を認めている。しかしながら平林彰仁（一二）、黛弘道（一三）らは、『先代旧事本紀』の「天孫本紀」に記述されている物部氏の系譜が正しいとして、物部氏が王権により作られた集団であることを認めていない。

部民制度

部は政治的組織体の名称で、氏姓制度と関連して六世紀前後に導入され、大和朝廷に隷属してさまざまな奉仕をする中央・地方の伴造氏族と地方民や技術者の集団を表す名称であった。部民制度の成立過程からいって、五世紀中葉から後半にかけての時期に物部が設定され、管理する伴造として物部連という氏族が成立し、朝廷で次第に勢力をえたと考えられる。しかし物部、物部連の成立時期につては諸説がある。前田晴人（一四）、加藤謙吉（一五）は物部の成立は五世紀後半としている。篠川賢（一六）は物部連の成立は五世紀末から六世紀初めとしている。

物部氏の成立

「天孫本紀」とは古墳時代の豪族であった尾張氏と物部氏の系譜を詳しく記述しており、『先代旧事本紀』巻五（一七）に収録されている。『先代旧事本紀』は天地開闢から推古天皇までの歴史が記述されているが、それには饒速日尊が天磐船に乗り、天神御祖から授けられた天璽瑞宝を携えて河内国川上哮峯（たけるがみね）に天降り、やがて大和に遷り、神武天皇に奉仕したと記述されている。この饒速日尊の伝承は、もちろん神話であるが、その係累の系譜を根拠として物部氏の成立を語ることは認められない。

大和朝廷の部民制度が六世紀前後に導入されていることから、これを根拠とする前田晴人・加藤謙吉らの見解を尊重して物部、物部連の成立は、五世紀後半と考える。

第二節　物部氏の職掌と分布

物部氏の職掌（専門職・本務）

先学の指摘によれば、①警察・行刑・軍事、②王権祭祀・祭具の調製、③神庫・神宝の管理、④日用品一般の製作、等があげられている。

直木孝次郎（一八）は「犯罪人の逮捕・処罰に関する所伝や記録が多く、物部氏の本来の任務はここにあったのではないかとおもわれる」と指摘して、①警察・行刑が物部氏の本務・本職であり、軍事はそれから派生した二次的な職務であったとしている。前田晴人（一九）は「物部と物部連が警察的職務を持っていたので、物部が宮廷に配せられ、部および氏族としての物部・物部連の軍事力が宮廷警護にも役立てられていたと思われる。物部と物部連のこうした性格は、五・六世紀にまでさかのぼらせてよいであろう。つまり物部連は物部を指揮し、宮廷に直属して、宮廷内外の警備・警察をつかさどることを本来の任務としたのである。物部氏が宗教的色彩を持つのは、宮廷内部と接触するようになった結果と考えたい。また継体朝から欽明朝にかけて、しばしば朝鮮問題に関係し、遠征軍の将軍となっているのは、物部氏が武力を集められることから来ているのであろう。」と指摘しているので、①警察・行刑が物部氏の本務・本職であり、軍事も本務・本職であったことになる。松尾光（二〇）によると、日用品の調達、祭祀用、兵器と特定されていない、祭祀というと物部氏というほどの関連性はない。従って④で物部の分布により様々な職掌形態があったということになる。吉村武彦（二一）によると、武器を貢納して神事・軍事で王権に奉仕している。従って②と特定されていないが、時代の変遷、環境の変化により①もありうることになる。

物部・物部連は、王権に奉仕・協力する様々な職掌を、歴史環境が変わりながらも、それぞれいくつかの物部集団が分担していたと考えられる。特に警察、行刑、警護、軍事などは重要な任務であった。なお祭祀については、先学の指摘が少ないことからも、当初の職務ではなかったと考えられる。

物部氏の分布

松尾光（二二）によると、物部郷は全国に分布し、物部神社があった。上番し、都で警護し、指示に従い奉仕する集団であり、物部氏の配下にいる物部は専属の下請け集団であったとしている。前田晴人（二三）によると、物部守屋は丁未の乱で敗死したが、全国の物部は残った。なぜなら警察・行刑の職務は公共機能であったとしている。篠川賢（二四）によると、物部という部は職掌の固定化・細分化されていない部であったため、多くの出仕者が物部に編集されたとしている。

物部という伴造氏族は大伴氏・蘇我氏などの在地豪族と異なり、ある特定の地域に蟠踞する氏族を起源とするものではない。部民制度の発足当初は、畿内のそれぞれの地域の要地に居住する首長らがその地域の警察・行刑の職に任じられ物部と称している。やがて河内国渋川郡にいた物部の一族が頭角を現し、王権は一族の族長を大連に任じて物部の氏組織全体を統率・管理させたのであり、その後大連家は配下の有力な氏との間で婚姻関係や職務活動を通じて同族・同系の関係を拡大し、さらに職務の多様化・複雑化に対応して伴造制の下部組織を充実させたと考えられる。こうした動きは地方にも拡大していって、万葉歌などに八十氏（ヤソウジ）にかかる物部（モノノフ）という枕詞が見られるように負名として複姓を有する氏集団と地方民からなる物部を組織したと考えられる。

物部氏が『日本書紀』に登場するのは履中・雄略朝の頃からですが、当時期前後に王権による列島主要部の政治的統合が進み、国内外の交流・交易関係の活発化による各種の紛争・犯罪の多発化があったと考えられる。王権はまず畿内の警護を組織し、続発する首長層の抵抗や犯罪に対処する地方の物部を組織させたのではないかと考える。

第三節　物部氏の祖先と係累

物部氏の祖先

物部氏は古代部民制の展開とともに勢力を有し、軍事・警察的な任務を職掌とし、また神祇において石上神宮にも深いかかわりをもつ氏族でもあった。その物部氏が五世紀から六世紀にかけて、大伴氏とともに大連となり、大伴氏没落後は、六世紀末葉にいたるまで、蘇我氏に対立して権勢をふるったことは『日本書紀』に記載されている。そしてこの有力豪族が、祖霊崇拝の伝承を持ち、宮中祭祀を主宰する宗教的色彩を持っていたことで勢力を得ていたことについては『日本書紀』や平安初期に編纂されたとされる『先代旧事本紀』に記述されている。

このような物部氏の伝承については、すでに多くの先学によって研究されている。平林彰人（二五）によると、祖霊である饒速日尊が天降りに際しての鎮魂の呪儀を保持継承する祭祀氏族であったとしている。吉村武彦（二六）によると、饒速日尊から石上朝臣麻呂までの系譜は尊重すべきとしている。一方で、前田晴人は、「おそらく饒速日の原像は雷神であり、河内の国を本貫とした物部大連家の政治力が増強するにつれて、氏神の神霊が神武天皇の大和入りに協力・奉仕する説話をつくった」（二七）。篠川賢（二八）によると、物部氏の係累であった石上麻呂は文武朝七〇八年に左大臣であり、神武期の饒速日伝承、崇神期の伊香色雄伝承には物部氏の顕彰に関与が想定されるとしている。野田嶺志（二九）によると、物部氏の後裔は天武・持統朝になって祭祀の任務につき、践祚大嘗祭では建盾鉾の独占により有力遺族となったとしている。

物部氏の係累

物部氏の史実については先学の研究者に相反する見解があり、一方は饒速日を祖霊とする物部氏の系譜は尊重すべきとし、他方は後世の末裔が作った氏族を顕彰した説話であるとしている。神話である神武天皇に奉仕したされる饒速日尊の実像は疑わしいことから、前者の見解は説話とすべきと考える。後者の物部氏の末裔は本宗の滅亡で勢力が衰えるが、やがて祭祀を主宰する任務についていたことから、文武朝で石上麻呂が左大臣となり物部氏の顕彰に関与したとするのは史実である。

物部連は物部を指揮し、宮廷に直属して、宮廷内外の警備・警察をつかさどることを本来の任務としたのである。物部氏が宗教的色彩を持つのは、天武・持統朝になってからと考えられる。継体朝から欽明朝にかけて、しばしば朝鮮問題に関係し、遠征軍の将軍となっているのは、物部氏が武力を有していたからである。

なお石上麻呂が石上朝臣に改姓した理由につては、石上神宮を管理していたこと、石上に奥津城があり、主要な活動拠点であったことなどが考えられる。

▲石上神宮

第四節　物部守屋の滅亡

はじめに（『日本書紀』第二十一巻　用明天皇　橘豊日天皇、以下の記述がある。）

二年秋七月、蘇我馬子宿禰大臣は、諸皇子と群臣とに勧めて、物部守屋大連を滅ぼそうと謀った。泊瀬部皇子・竹田皇子・廐戸皇子・難波皇子・春日皇子・蘇我馬子宿禰大臣・紀男麻呂宿禰・巨勢臣比良夫・膳臣賀拕夫・葛城臣烏那羅らが、一緒になって軍勢を率い、大連を討った。大伴連嚙・阿倍臣人・平群臣神手・坂本臣糠手・春日臣、これらは軍兵をつれて、志紀郡から渋河の家に至った。大連は自らの子弟と奴の兵士を率いて、稲を積んだとりでを築いて戦った。大連は衣揩の地の榎の枝股に登って、上から眺め射かけることは雨のようであった。その軍は強く勢いが盛んで、家に満ち野に溢れた。皇子たちと群臣は弱くて、恐れをなし三度退却した。

丁未の乱

五世紀後半から次第に台頭してきた大連の物部氏は、六世紀末の用明天皇二年（五八七）の丁未の乱で本宗は滅亡した。この争いは仏教受容を主張する蘇我氏と蕃神を拒否する物部氏を中心とする二大勢力の対立に、天皇の拝仏可否を絡ませた形で『日本書紀』には記述されている。この丁未の乱の中心は物部守屋大連と蘇我馬子大臣の争いであったが、その原因については先学の研究がある。

本位田菊士（三〇）によると、丁未の乱は古くからの崇仏排仏論争が原因であったとしている。この説は『日本書紀』の記述に従っている。加藤謙吉（三一）によると、政治的対立が原因であり、王権継承問題が契機になったとしている。崇仏排仏論争についてはあったかもしれないとしているので、争乱の発端は次の大王を決めるためとされる。一方で、平林章人（三二）は、物部氏が蘇我氏の公的仏教信仰に反対であったのが争いの原因としている。また、畑井弘（三三）は、物部守屋とその弟の物部贄子の婚姻政策に絡めた蘇我馬子との相続争いも原因であったとしている。いずれの研究も的確な分析であり、争乱は複雑な要因が重なって発生したといえるようである。敏達天皇はその十四年八月（五八六）に崩じ、崇峻天皇四年四月（五九一）に磯長陵に葬られたとあるが、四年八月の長期にわたる喪（もかり）は例外的で、そこに複雑な事情「皇位継承問題」の存在したことは確かである。欽明天皇の皇子の穴穂部皇子（蘇我稲目の女小妹君所生）は次代の皇位を継ぐ意志があった。だが異母兄弟の大兄皇子が皇位を継ぎ用明天皇となったが、その即位事情は分かっていない。この天皇は在位二年余の極めて影の薄い存在であり、先帝の濱期間中に即位し、先帝よりも早く埋葬された異例の存在であった。

用明天皇はその二年四月に、病気（瘡瘡）治療のために仏教に帰依したいという希望を専決せず群臣に諮問している。その時、穴穂部皇子は守屋らの意向に反し、豊国法師を内裏に引き入れ守屋の怒りをかっている。その七日後に用明天皇が亡くなり、守屋は穴穂部皇子を天皇に擁立しようと謀った事が漏れ失敗している。その六月に、敏達天皇の大后炊屋姫尊（後の推古天皇）の許諾を得た蘇我馬子らは、穴穂部皇子と宣化天皇の子の宅部皇子を殺害している。さらに翌七月には、蘇我馬子・諸皇子・群臣がこぞって物部守屋を滅ぼした。

物部氏の史実

六世紀後半のヤマト王権内では王位継承をめぐる対立が深刻化しており、物部守屋の滅亡は仏教崇拝をめぐる蘇我氏と物部氏の私的な抗争ではなかった。穴穂部皇子を殺した際には炊屋姫尊を奉じ、物部守屋を攻撃した際には多くの有力王族と氏族を動員していることからも明白である。すなわち、それらは蘇我馬子の専断な振る舞いではなかったのであり、王権内部の権力闘争があったと考えられる。天理市の布留遺跡が物部氏の奥津城であることについて考えておきたい。この地域は物部贄子の本貫地とされている。物部贄子は物部守屋の弟であるが、丁未の乱には参加していない。本宗の守屋が滅んだ後に、物部の職掌を大臣蘇我馬子の支援により引き継いだと考えられる。やがて石上神宮の管理も委ねられ、この系統は後に姓を変え石上を称している。

第五節　『日本書紀』の物部氏

崇神・垂仁朝の物部氏

『日本書紀』には、崇神・垂仁朝の物部氏の歴史について、以下の記述がある。

①崇神七年八月、物部連の先祖の伊香色雄を神班物者（かみのものあかつひと、神に捧げものを分かつ人）とする

②崇神七年十一月、伊香色雄に命じ、沢山の平瓮（ひらか）を祭神の供物とさせた。

③垂仁二五年二月、天皇、物部連の先祖十千根ら五大夫に詔りして、神祇を祭ることを怠らないように命ず

④垂仁二六年八月、物部十千根大連を出雲に遺し、神宝を校せしめる

⑤垂仁八七年二月、大中姫命、物部十千根大連に石上神宮の神宝を授けて治めさせる

⑥仲哀九年二月、天皇の死に際し、皇后は物部昨連ら四大夫に命じて、百寮を領し宮中を守らせる

これらの記事には、物部氏と祭祀との関係をしめすものが多く、物部氏の性格を考える上に重要な伝承である。いずれも三世紀末から四世紀初頃にかかる所伝であって、物部氏の成立以前であることから、なんらかの背後の事実はあるにせよ、いずれも後代に造られた記事と考える。このような祭祀的所伝は、物部氏が六世紀末の丁未の乱で没落して、政治の中枢から締めだされ、氏族の性格に若干の変化を生じたのちに造られたと考える。とくに記事に、五大夫・四大夫などの官僚語があることは、推古朝以降に造作されたことを示している。

履中・雄略朝の物部氏

政治上、新しい時代が始まったと考えられる応神・仁徳朝には、物部氏の姿がみえず、五世紀中葉とされる履中朝から、物部連に関する記述が『日本書紀』にみえはじめる。

⑦履中二年　物部伊莒弗大連・平群木菟宿祢・蘇我満智宿祢・円大使主が国事を執る
⑧履中三年　物部長真胆連は腋上の室山より花を求めて天皇に献じ、姓を改めて稚桜部造という
⑨安康前紀　穴穂皇子（安康天皇）に対立した軽太子は、物部大前宿禰の家にかくれたが、大前宿禰は穴穂皇子お迎えして、軽太子は自殺する
⑩雄略前紀　物部目連・大伴連室屋を大連とした
⑪雄略元年　雄略天皇、物部目大連の言によって疑をとき、春日和堂所童女君を妃とする
⑫雄略十三年　歯田根命がうなめを奸した罪を物部目大連に責めさせた
⑬雄略十八年　物部菟代宿祢・物部目連とともに伊勢の朝日郎を討つ、物部目連は物部大斧弁手を従えて、目的を果たす

これらの記事をそのまま信ずることはできないが、部民制度の成立過程からいって、物部連が五世紀中葉から後半にかけての時期に、刑事・行刑・警察の職掌にあり、王権に隷属し奉仕・協力する部民であり、朝廷で次第に勢力をえていたと考えられる。おそらくこの頃に物部という部が設定され、これを管理する伴造として物部連という氏族が成立したと考えられる。これを前提にすれば①～⑥の物部氏の崇神・垂仁朝における事績には、物部氏の祖先・係累の名があり、その祖先らが王権に隷属し行った祭祀・神祇の職掌のことが記述されていて、史実ではなく、四世紀末以前の期日まで記されているのは不可解である。

神武朝の物部氏

『日本書紀』では神武天皇が東遷して大和の生駒山を目指した際に、土着の首長・長髄彦が抵抗したので、先にこの地に天下っていた物部氏の開祖である饒速日尊が殺して、天皇に帰順したとある（三四）。したがって、神武天皇に帰順した物部氏は、崇神・垂仁朝でも係累が隷属している事績を記述することにより、神話が伝承として完成すると考えたのではないかと考えられる。

エピローグ

物部氏は、ヤマト王権に隷属した祭祀、武器の製造、警護の部民の首長から、政権に参加し、軍事的司令官として高い地位を得るまでに、五世紀中葉から六世紀前半まで一世紀に近い歳月を要している。歴史の変遷とともに、職掌が不適となってゆくため、没落する氏族のある反面、その氏族の職能、機能を新時代に適合させ、地位を高めた氏族であった。物部氏は、武器の製造と管理から祭祀へ、さらに軍事、警察司令官へ、最高級の政治的地位へあがったが、やがて王権内の争いにより本宗は滅亡したが、係累は石上（いそのかみ）氏としてヤマト王権の太政官として残った。

『日本書紀』の丁未の乱に係る記述と物部氏の祖先系譜には何か所かに造作がある。これは、『日本書紀』が編纂された七世紀初期とされる時期に左大臣で最高位者であり、物部氏の係累であった石川麻呂の示唆があったと考えられる。

丁未の乱が起こった事は歴史的には事実であったことを踏まえて検討を行った。

一　皇子たちは、なぜ蘇我馬子に靡いたのか

なぜ当時の皇子たちが蘇我馬子に味方したのかは分っていない。ただし、この皇子たちの誰かが大王に推挙されることは確かであり、誰もが軍事力を持っていなかったので、しばらくは様子を見ていたのではないかと考えられる。

二　群臣（まえつぎみ）たちは、なぜ蘇我馬子に靡いたのか

軍事力を備え、勃興著しく、大和に拠点があって群臣に選ばれた豪族たちは、当時の部民制に反感があったと思われる。それら部民、連を管理する大連にも反感があった可能性はある。蘇我馬子は次なる政治構造

を考えて味方にした可能性はある。

三　大臣蘇我馬子と大連物部守屋は何故争ったのか

拝仏派とされた物部守屋は、倭国の大王は神祇をする祭祀王であり、蕃神を崇めることはできないと上奏したことは確かと考えられる。それが崇拝仏論争に至る根拠にはならないので、背後には王権をめぐる政治構造についての争いがあったと考えられる。

【注1】

（一）『日本書紀』第三巻　神武天皇　神日本磐余彦天皇　天皇即位前紀戊午年（前六六三）十二月四日の条
（二）『日本書紀』第五巻　崇神天皇　御間城入彦五十瓊殖天皇　六年十一月十三日の条
（三）松尾光「名族・物部氏の職掌と、祖先伝承」（「大和王権と古代氏族　第二回」『歴史研究』六九八号二〇二二年）。
（四）前田晴人『物部氏の伝承と史実』同成社、二〇一七年。
（五）篠川賢『物部氏の研究』日本古代氏族研究叢書①　雄山閣、二〇〇九年。
（六）加藤謙吉『大和の豪族と渡来人』歴史文化ライブラリー　吉川弘文館、二〇〇二年。
（七）本位田菊士『日本古代国家形成過程の研究』名著出版、一九七八年。
（八）畑井弘『物部氏の伝承』吉川弘文館、一九七七年。
（九）志田諄一『古代氏族の性格と伝承』雄山閣、一九七一年。
（一〇）野田嶺志「物部氏に関する基礎的考察」（『史林』五一（二）、一九六八年）。
（一一）直木孝次郎『古代国家の成立』日本の歴史2　中公文庫、一九七三年。
（一二）平林章仁『物部氏と石上神宮の古代史』和泉書院、二〇一九年、六八頁。

（一三）黛弘道『物部・蘇我氏と古代王権』歴史文化セレクション　吉川弘文館、二〇〇九年、六九頁。
（一四）前田晴人『物部氏の伝承と史実』（注：四頁所掲）。
（一五）加藤謙吉『大和の豪族と渡来人』（注：六頁所掲）。
（一六）篠川賢『物部氏の研究』（注：五頁所掲）。
（一七）安本美典『古代物部氏と『先代旧事本紀』の謎』勉誠出版、二〇〇三年。
（一八）直木孝次郎「物部氏に関する二、三の考察」（三品彰英編『日本書紀研究』第二冊　塙書房、一九六六年、一六七頁）。
（一九）前田晴人「物部氏関係伝承の再検討」（『纏向学研究』五、二〇一七年、一三頁）。
（二〇）松尾光「名族・物部氏の職掌と、祖先伝承」（注：三頁所掲）。
（二一）吉村武彦『古代王権の展開』日本の歴史③　集英社、一九九一年、一六七頁。
（二二）松尾光「名族・物部氏の職掌と、祖先伝承」（注：三頁所掲）。
（二三）前田晴人『物部氏の伝承と史実』（注：四頁所掲）。
（二四）篠川賢『物部氏の研究』（注：五頁所掲）。
（二五）平林章仁『物部氏と石上神宮の古代史』（注：一二頁所掲）。
（二六）吉村武彦『古代王権の展開』日本の歴史③（注：二一頁所掲）。
（二七）前田晴人『物部氏の伝承と史実』（注：四頁所掲）。
（二八）篠川賢『物部氏の研究』（注：五頁所掲）。
（二九）野田嶺志「物部氏に関する基礎的考察」（注：一〇頁所掲）。
（三〇）本位田菊士『日本古代国家形成過程の研究』（注：七頁所掲）。
（三一）加藤謙吉『大和の豪族と渡来人』（注：六頁所掲）。

（三二）平林章仁『物部氏と石上神宮の古代史』（注：一一二頁所掲）。

（三三）畑井弘『物部氏の伝承』（注：八頁所掲）。

（三四）『日本書紀』第三巻　神武天皇　神日本磐余彦天皇　天皇即位前紀戊午年（前六六三）十二月四日の条

第四章　聖徳太子と仏教伝来

プロローグ

『日本書紀』によれば西暦五五二年に百済の聖明王から欽明天皇へ釈迦仏の金銅像が贈られたのが仏教公伝とされている。しかし、仏教公伝の時期については先学の研究者により諸説がある。倭国への仏教伝来については、その背景として崇排仏論争があり、さらに国神・蕃神の両者をどのように受容するかの政策論争があった。倭国に国家宗教として仏教を根づかせ、法隆寺を建築するなどの仏教文化を展開できたのは、聖徳太子の存在が大きく寄与していた。これらを命題として聖徳太子と仏教伝来の関係を調べ、実像を研究する。

『日本書紀』が意図したことは、倭国が古墳時代の最中に仏教伝来を国家宗教に変革し、天皇家を中心とした政治構造にしたことを史実として残すことにあった。しかし、このことに固執したために、『日本書紀』の聖徳太子の事績の記述の一部には造作が行なわれている。その背景について分析し、実像を研究する。

第一節　仏教公伝

はじめに（『日本書紀』第十九巻　欽明天皇　天国排除開広庭天皇、以下の記述がある。）

十二年冬十月、聖明王は西部姫氏達率怒悧斯致契らを遣わして、釈迦仏の金銅像一躯・幡蓋若干巻・経論若干巻をたてまつった。（中略）

天皇はいわれた。「それでは願人の稲目宿禰に授けて、試しに礼拝させてみよう」と。大臣は跪き受けてよろこんだ。小墾田の家に安置し、寧ろに仏道を修めるよすがとした。向原の家を清めて寺とした。

仏教公伝とは

日本の仏教のはじまりを語る時に「仏教公伝」という言葉が用いられている。この言葉には私的な仏教受容とは異なった、公の国家間の伝達を重視する意味があると思われる。『日本書紀』では欽明天皇十二年（五五二）が公伝の年次としている。一方、『日本書紀』より遅く九世紀中頃に作られたとされる『元興寺縁起』、『上宮聖徳法王帝説』は公伝の年次を宣化天皇三年（五三八）としている。

先学の研究によると吉田一彦（三五）、井上光貞（三六）は五三八年説をとっている。梅原猛（三七）は五五二年説になっている。いずれの説も絶対というわけではなく、百済の記録を視野に入れて両説を再検討する見解も出されている。

倭国に仏教を伝えたのは百済であり、その背後には当時の朝鮮半島の情勢があった。百済は六世紀に入り、新羅の任那侵略に対処するため、倭国と連携してその援助を受ける必要に迫られていた。その中で、継体天皇の時には五経博士を日本に送り、六世紀中葉には仏教を伝え、文化的なつながりを深めようとしたと考えられる。このように百済からの仏教伝来は外交政策の一環として行われた。ちなみに百済に仏教が伝来したのは三八四年であり、倭国よりも早い。

仏教受容とは

倭国が仏を受容するときには、古来の神があった。欽明天皇が仏像礼拝の可否について群臣に尋ねたときに物部尾輿と中臣鎌子は反対した。わが国の天皇は天神地祇を祭拝してきたのに、それをやめて蕃神を拝めば、国神の怒りを招くであろうと述べたと伝えられている。古来の国神に対する外国の蕃神という発想が、仏教を捉える出発点であった。さらに五六二年、倭国が支配していたとされる任那が新羅により滅ぼされると、大和王権は百済との結びつきをますます密にし、百済から敏達天皇六年（五七七）には、経論若干巻のほかに、律師、禅師、比丘尼、呪禁師や造仏工・造寺工が献上された。そして同十三年（五八四）には司馬達等の娘（善信尼）がはじめて出家した。つまり、この時点では、仏教の僧侶はシャーマニズムの巫女と同様に考えられていた。このほか信仰の態度は治病・長寿など現世利益中心であり、仏教の高度な理論を理解していたのではない。なお、『続日本書紀』に記すところでは、仏教公伝を記念して二〇〇年後の七五二年に東大寺で大仏開眼が行われている。

第二節　崇仏拝仏論争

はじめに

（『日本書紀』第二十巻　敏達天皇　渟中倉太珠敷天皇、以下の記述がある。）

十四年春二月一日、物部弓削守屋大連と、中臣勝海大夫は奏上して、「どうして私どもの申し上げたことをお用いにならないのですか。欽明天皇より陛下の代に至るまで、疫病が流行し、国民も死に絶えそうなのは、ひとえに蘇我氏が仏法を広めたことによるものに相違ありませぬ」といった。天皇は詔して、「これは明白である。早速仏法をやめよ」といわれた。

三十日、物部弓削守屋大連は、自ら寺に赴き、床几にあぐらをかき、その塔を切り倒させ、火をつけて焼いた。同時に仏像と仏殿も焼いた。焼け残った仏像を集めて、難波の堀江に捨てさせた。この日、雲がないのに風が吹き雨が降った。大連は雨衣をつけた。これに従った僧侶たちを責めて、人々に侮りの心をもたせるようにした。佐伯造御室を遣わして、馬子宿爾と、馬子宿爾の供養する善信尼らを呼ばせた。馬子宿蒲はあえて命に抗せず、ひどく歎き泣きさけびながら、尼らを呼び出して御室に託した。役人はたちまち尼らの法衣を奪い、からめ捕えて海石溜市の馬屋館につなぎ、尻や肩を鞭うつ刑にした。

崇仏拝仏論争とは

物部弓削守屋の排仏関係の記事は異常で常軌を外れた乱暴な行動とみることができる。ましてや、大連という大王と連携して倭国の政権を担っていた人物が、民衆に対して直接行った行為とは認めがたい。排仏関係の記事を記述している『日本書紀』の編集者たちの意図は、排仏論争の展開と仏教の迫害を物部氏におかぶせ、それによって、物部氏の滅亡を語り、初期仏教の興隆を推古天皇と聖徳太子とで完成させようとしたところに重点がおかれたと考えられる。

この崇仏拝仏論争の記事につては先学の研究がある。田村円澄（三八）、曽根正人（三九）、安井良三（四〇）らによると、物部氏は仏教を受容していたので、排仏、仏教不信心は成立しないとしている。いずれも、『日本書紀』は拝仏論争の展開と仏教の迫害を物部氏に追いかぶせて、滅亡を語っているとしている。津田左右吉（四一）によると、崇仏拝仏論争の記事は、おそらく説話であろうと述べている。仏像がもたらされたに過ぎない時に、倭国の民族信仰に矛盾すると感じただろうかとしている。

排仏説話とは

『日本書紀』の仏教伝来にともなう物部氏らの排仏説話は、大化改新の頃までは成立していなかったと考えられる。排仏論に関しては、物部氏・中臣氏という特定の氏族名は意識されていなかったと考えられる。しかし、物部氏が排仏派の巨頭とされ、仏教を理解せず、迫害したという説話は大化改新の後、『日本書紀』が編纂されるまでに成立したと考えられている。

物部氏の排仏説話は、古より神祇を祭っている「国家の王たる」大王が、改めて蕃神をまつろうとすること自体に対する抵抗であり、大王の意をくんでの排仏意見の奏上であって、そこには、各々の氏族が崇仏することに関する排仏論とは関与していないと考える。しかし、このような排仏が、『日本書紀』に記されたとおり、実際に行なわれたか否かは過去の問題であり、さらに大王が仏をまつるということに対して抵抗が生じていたかということについては、更なる究明が必要と考える。

第三節　国神と蕃神

古神道

仏教が伝来する以前、日本には土着の宗教として原始神道（古神道）が存在していた。新たに伝来した仏教における如来・菩薩・明王などの仏も、これらの神といわば同列の存在と把握されていた。これらは一般的な日本人にとって「蕃神（あだしくにのかみ）」「今来の神（いまきのかみ）」「仏神」として理解されていた。曽根正人（四二）によると、在来神は地域の自然秩序を維持する存在であった。仏教はどこの土地にいても、誰が祈っても御利益が期待できたとしている。安井良三（四三）によると、自然界のことや、国家のことは神祀の祭りにより解決された。仏教は教義・教典的であり、人間の生命延願や病気平癒の祈願などによる精神的な救済に効果があると理解されていたとしている。

渡来人がもたらした仏教

受容の過程が紆余曲折したこともあり、神道とは違う仏教の宗教としての教義そのものの理解は、主として七世紀以降に進められた。倭国には、古くから多くの渡来人（帰化人）が連綿と渡来してきており、その多くは朝鮮半島の人間であった。彼らは倭国に定住にあたり氏族としてグループ化し、あるいは豪族らに隷属した。彼らは私的な信仰として仏教をもたらし、仏教公伝以前から、仏像や仏典はもたらされていた。従って物部氏も、多くの帰化人を、大陸からの進んだ文化を取りこむために隷属させており、そのために仏教には理解があったと考えられている。

ヤマト王権の豪族の中には原始神道の神事に携わっていた氏族も多く、中臣氏などはその代表的な存在であり、新たに伝来した仏教の受容には否定的であった。大豪族の蘇我氏は渡来人勢力と連携し、国際的な視野を持っており、朝鮮半島国家との関係の上からも仏教の受容に積極的であったと考えられている。

第四節　聖徳太子と法隆寺

はじめに（『日本書紀』第二十二巻　推古天皇　豊御食炊屋姫天皇、以下の記述がある。）

十三年冬十月、皇太子は斑鳩宮にうつられた。（中略）

『日本書紀』第二十七巻　天智天皇　天命開別天皇、以下の記述がある。

九年夏四月三十日、暁に法隆寺に出火があった。一舎も残らず焼けた、大雨が降り雷鳴が轟いた。

厩戸皇子と法隆寺

『日本書紀』によれば、厩戸皇子は推古九年（六〇一）、磐余からこの地に遷ることを決意し、斑鳩宮の建造に着手し、推古天皇十三年（六〇五）に斑鳩宮に移り住んでいる。法隆寺の東院の所在地が斑鳩宮の故地である。この斑鳩宮に接して建立されたのが斑鳩寺、すなわち法隆寺であった。現在の法隆寺の西院伽藍の建物は創建以来一度も火災に遭わず、推古朝に聖徳太子の建立したものがそのまま残っていると信じられていた。しかし、天智天皇九年（六七〇）に法隆寺が全焼したという記事のあることから、現存する法隆寺の伽藍は火災で一度失われた後に再建されたものではないかという再建論があった。

法隆寺の再建

石田茂作（四四）による昭和十四年（一九三九）の旧伽藍（いわゆる若草伽藍）の発掘調査以降、現存の法隆寺西院伽藍は聖徳太子在世時の建築ではなく、一度焼亡した後に再建されたものであることが決定的となり、再建・非再建論争には終止符が打たれた。

天智天皇九年以降に法隆寺が再建されており、それを知っていた『日本書紀』の編集者たち（天武十年（六八一）に編集が始まり養老四年（七二〇）に完成している）は天智天皇あるいは天武天皇が法隆寺を再建したという記述があっても良いはずであるが、あくまでも仏教を篤く信じ、聖人である聖徳太子の事績としたいとする意図があったと考えられる。

▲法隆寺

第五節　聖徳太子と四天王寺

はじめに

（『日本書紀』第二十一巻　崇峻天皇　泊瀬部天皇、以下の記述がある。）

二年秋七月、蘇我馬子宿禰大臣は、諸皇子と群臣とに勧めて、物部守屋大連を滅ぼそうと謀った。（中略）乱が収まって後に、摂津国に四天王寺を造った。大連の家の奴の半分と、居宅戸を分けて、大寺（四天王寺）の奴・田荘とした。

（『日本書紀』第二十二巻　推古天皇　豊御食炊屋姫天皇、以下の記述がある。）

推古元年、この年、はじめて四天王寺を難波の荒陵に造りはじめた。

四天王寺の創建

太子発願という四天王寺が物部守屋所有の土地・奴婢などの動産・不動産の施入を受けているとされていることについては、物部氏の遺産分有という点からも注目される。推古元年（五九三）に四天王寺を創建したとされていることについては先学の研究がある。加藤謙吉（四五）によると、四天王寺の造営は推古三十年頃に開始されており、丁未の乱とは無関係としている。佐藤隆（四六）によると、楠葉・平野山窯が瓦と須恵器を焼く瓦陶兼業窯であることに着目して、四天王寺の創建瓦は七世紀第二四半期に相当するとしている。井内潔（四七）によると、法隆寺若草伽藍の軒丸瓦と同じ范が四天王寺の創建瓦に使われていることから六二〇年前後としている。田村円朝（四八）によると、四天王寺は難波吉士氏の寺として造建されるが、工事は中断されていた。六四五年の孝徳朝になり、左大臣の阿倍内麻呂が寺の造営工事を再開し、伽藍は整ったとしている。一方で、谷川健一（四九）によると、四天王寺は官寺として官から直接に旧守屋領が施入

▲四天王寺

され四天王寺の資材となり、法隆寺の方は、厩戸の私寺として厩戸に分与されたとしている。前者の加藤謙吉らは、四天王寺から出土した屋瓦の調査から六二〇年頃の創建としている。後者の谷川健一は『日本書紀』の記述に従い、五九三年頃の創建としており、相反しているが、前者の考古学的根拠がある見解に従い四天王寺の創建は六二〇年頃以降と考えられる。後者の推古元年とする見解は、後世の『日本書紀』の編纂者たちの造作を見逃していると考えざるを得ない。

聖徳太子は四天王寺に関与していない

『日本書紀』が記述している太子と物部氏とのかかわりは、丁未の乱で太子が守屋討伐に参加したと伝えている。蘇我馬子と太子が守屋に勝利した結果、守屋の勢力が及んでいたが交通・政治・経済的側面が無視できない要衝斑鳩の地に遷居し、法隆寺若草伽藍（斑鳩寺）を創建できたのは、守屋滅亡という前提の上になり得て、その財産の分与を得ていたと考えられる。一方で、守屋の財産の分与を受けて、太子が創建したとされる四天王寺については、守屋の土地の施入は認められるものの、創建が六二〇年頃以降とされることから、聖徳太子の関与はなかったと考えられる。

第六節　聖徳太子の仏教

聖徳太子は聖人であったのか

聖徳太子は、日本の歴史上、最も著名な皇族政治家の一人であり仏教文化人であったと考えられている。西暦五七四年に生まれ、六二二年、数え年四九歳で没している。しかし、聖徳太子のように、生没年まで明確で具体的な事績の残っている人はまれである。これは、太子が没後間もなくから敬愛を受け、多くの関連資料や伝記が残されてきた結果だといえよう。いろいろな文献や文化財が残っていて、聖徳太子ほど聖人化、神格化された人物は多くはない。そもそも聖徳太子という名前自体、こうした神格化の一環として出てきたもので、厩戸（うまやと）皇子と呼ぶのが歴史的には正しい。「聖徳太子」とは、「聖人の徳を備えた皇太子」という意味で、亡くなってから後年の者がつけた尊称である。この尊称は、太子の没後一〇〇年が経た、『日本書紀』編纂で生まれたとして良いだろう。五味文彦（五〇）も述べているが、厩戸皇子は皇太子になったとされるが、皇太子という地位は、七世紀の末になってようやく政治制度として定まったものであり、全ての政務を統轄して天皇の代理をする職としての「摂政」が出来てくるのは、さらに後世のことである。

聖徳太子の生い立ち

聖徳太子の生い立ち、性格、事績については、多くの先学が研究している。田村円朝（五一）によると、厩戸王は自分の寺を作ることを願い、斑鳩に移り住んだが政治的には関与していない。厩戸王は新羅攻撃に反対であり、新羅仏教を受け入れていた。吉田一彦（五二）によると、厩戸王は実在の人物であるが、斑鳩宮造営・斑鳩寺建立は確認できるものの、それ以外は実像が不明な人物である。曽根正人（五三）によると、厩戸王の仏教は現世否定の出世間仏教ではなかったが、抜きんでた理解力を持った篤信の在家信者であったが学僧ではなかった。一方で、『日本書紀』の記述をそのまま肯定しているとみられる大平聡（五四）、吉村武彦（五五）、梅原猛（五六）らは、厩戸王は政治の中心にあって活躍し、仏教をよく理解していたとしている。いずれの研究も分析が示されており明解であるが、聖徳太子の実像が相反しているのは注目される。

聖徳太子の法隆寺

聖徳太子は仏教を慧滋に、儒教を覚可に学んだとされている。法隆寺の前身、斑鳩寺（若草伽藍）を創建している。播磨の国鵤にある荘園は聖徳太子が賜り、法隆寺領になっている（五七）。斑鳩寺の創建瓦には馬子の建立した法興寺（飛鳥寺）で使われた范が利用されている。太子の斑鳩移転は、単に太子の宮が移転したということだけではなく、寺院造営が組み込まれた政治的営為であった。太子の時代は、ふつう思われている以上に大きく仏教が影響を及ぼした時期であった。太子は熱心な仏教徒でありながら、自分は出家することなく、皇族の政治家として仏教を社会に根づかせようとした。大陸の文化とされる仏教、儒教、道教を理解し豪族間の争いが絶えない国をまとめ、社会を文明化しようと考えたのだろう。

第七節　『日本書紀』の聖徳太子

はじめに（『日本書紀』　第二十一巻　用明天皇　橘豊日天皇、以下の記述がある。）

二年秋七月、蘇我馬子宿禰大臣は諸皇子と群臣とに勧めて、物部守屋大連を滅ぼそうと謀った。（中略）討伐軍は三度撃退された。このとき厩戸皇子は、瓢形の結髪をして、軍の後に従っていた。なんとなく感じて、「もしかするとこの戦いは負けるかも知れない。願をかけないと叶わないだろう」といわれた。そこで白膠（ぬりで）の木を切りとって、急いで四天王の像をつくり、束髪の上にのせ、誓いを立てていわれるのに、「今もし自分を敵に勝たせて下さったら、必ず護世四王のための寺塔を建てましょう」といわれた。蘇我馬子大臣もまた誓いを立て、「諸天王・大神王たちが我を助け守って勝たせて下さったら、諸天王と大神主のために、寺塔を建てて三宝を広めましょう」といった。

厩戸皇子の誓願

ここまでの厩戸皇子については出生の記述しかなかったのに、突如として蘇我氏と物部氏の争いという政治的場面（いわゆる丁未の乱）に現れ、仏に誓願している。しかも厩戸皇子はその時一四歳であり、普通に言えば政治も仏も神祇にも詳しいはずもなく、更に誓願が叶ったら「寺塔を建てて三宝を広めましょう」と取引なことまで誓っている。これは日本書紀の編集時に造作されたと考えられる。これらの記述が後世に残されたことを考えると、日本書紀の編集者が意図したことは以下と考える。

一　皇太子は仏教をよく理解しており、祈れば功徳があると知っていた

二　皇族である皇太子が仏教を崇拝していた

三　天皇は仏教を信じていなくとも、聡い皇太子は信じていた

日本書紀の編集者たちは、この場面に厩戸皇子を崇仏派として登場させ、皇族である皇太子が仏教を尊び、良く理解したことの事績として後世に残す主旨にほかならず、もちろん事実ではない。さらに、聖徳太子が「もしかするとこの戦いは負けるかも知れない。願をかけないと叶わないだろう」として護世四王への誓願は造作である。これらの記述では仏神の名があり、皇太子が仏教を崇拝し、仏に帰依したことになる。

神武天皇と聖徳太子

『日本書記』では神武天皇が東遷して大和の生駒山を目指した際に、地元の八十梟師（やそたける）の軍団がそむいた。神武天皇は天神が夢に現れて告げたように「平瓦や御神酒甕などを造り、丹生の川上に登って、天神地祇を祀り、敵を呪詛した」、やがて兵を整えて出陣すると、敵は面白いように退治できたとある（五八）。この天神に対する神武天皇が行った祀りは、丁未の乱では聖徳太子が仏神に類似の作法で誓願しており、結果は仏の功徳が齎されたことになっている。このことは、いつかは天皇になる聖人で聡明な皇太子が仏神に誓願できる法王であったことになり、倭国が天皇を中心とした仏教国家となったことの根拠になると考えたのではないか。

エピローグ

聖徳太子については歴史上の人物と評価されていて、実態説と虚構説がある。いずれについても多くの専門家が研究し論文にしているので、ここで紹介することはしない。倭国の仏教受容が古墳時代に始まり、飛鳥時代・白鳳時代で花開き文明開化に寄与したことは確かである。聖徳太子は熱心な仏教徒であり、法隆寺を初めとして多くの寺を造った。自分は出家することはなかったが、皇族として仏教を社会に根づかせようとしたことは確かである。

【注2】

(三五) 吉田一彦「近代歴史学と聖徳太子研究」(『聖徳太子の真実』大山誠一編　平凡社、二〇一四年)。
(三六) 井上光貞『神話から歴史へ』日本の歴史Ⅰ　中央公論社、一九六五年。
(三七) 梅原猛『聖徳太子1』集英社文庫、一九九三年。
(三八) 田村圓澄『飛鳥時代　倭から日本へ』吉川弘文館、二〇一〇年、四〇頁。
(三九) 曽根正人『聖徳太子と飛鳥仏教』歴史文化ライブラリー　吉川弘文館、二〇〇七年。
(四〇) 安井良三「物部氏と仏教」(『日本書紀研究』第三冊　塙書房、一九六八年)。
(四一) 津田左右吉『津田左右吉全集』第二巻　岩波書店、一九六三年、九四頁。
(四二) 曽根正人『聖徳太子と飛鳥仏教』(注：三九頁所掲)。
(四三) 安井良三「物部氏と仏教」(注：四〇頁所掲)。
(四四) 石田茂作『法隆寺雑記帖』学生社、一九六九年。

（四五）加藤謙吉「四天王寺と難波吉士」（『日本書紀の謎と聖徳太子』大山誠一編　平凡社、二〇一一年）二二七頁。
（四六）佐藤隆「四天王寺の創建年代」（『大阪の歴史と文化財』第三号、大阪市教育委員会　一九九九年）。
（四七）井内潔「屋瓦からみた草創期寺院の創建年代小考」『古代文化』第六一巻一号（通巻第五七六号）古代学協会、二〇〇九年。
（四八）田村圓澄『飛鳥時代　倭から日本へ』（注：三八頁所掲）。
（四九）谷川健一『四天王寺の鷹』河出書房新社、二〇〇六年。
（五〇）五味文彦、他「聖徳太子」（『歴史と人間（〇八）』放送大学教材、二〇〇八年）。
（五一）田村圓澄『仏教伝来と古代日本』講談社学術文庫、一九八六年。
（五二）吉田一彦「近代歴史学と聖徳太子研究」（注：三五頁所掲）。
（五三）曽根正人『聖徳太子と飛鳥仏教』（注：三九頁所掲）。
（五四）大平聡『聖徳太子』日本史リブレット人：〇〇四　山川出版社、二〇一四年。
（五五）吉村武彦『聖徳太子』岩波新書、二〇〇二年。
（五六）梅原猛『聖徳太子1』（注：三三頁所掲）。
（五七）『日本書紀』第三巻　推古天皇　豊御食炊屋姫天皇　十四年秋七月の条
（五八）『日本書紀』第三巻　神武天皇　神日本磐余彦天皇　天皇即位前紀戊午年（前六六三）九月五日の条

【参考史料3】

津田左右吉『日本上代史の研究』岩波書店　一九四七年
加藤謙吉『大和王権と古代氏族』吉川弘文館　一九九一年

安井良三「物部氏と仏教」（三品彰英編『日本書紀研究』第三冊　塙書房　一九六八年）
横田健一「物部氏祖先伝承の一考察」（三品彰英編『日本書紀研究』第八冊　塙書房　一九七五年）
亀井輝一郎「大和川と物部氏」（横田健一編『日本書紀研究』第九冊　塙書房　一九七六年）
直木孝次郎『日本古代国家の成立』講談社学術文庫　一九九六年
直木孝次郎『日本古代国家の構造』青木書店　一九五八年
直木孝次郎『日本古代の氏族と天皇』塙書店　一九六四年
井上光貞『日本国家の起源』岩波新書　一九六〇年
佐藤信『古代史講義』ちくま新書　二〇一八年
水谷千秋『古代豪族と大王の謎』宝島社新書　二〇一九年
井上光貞『神話から歴史へ』（『日本の歴史1』中央公論社　一九六五年）
石田英一郎『日本国家の起源』角川選書　一九八六年
歴史読本　二〇一五　春　争乱の古代史　ＫＡＤＯＫＡＷＡ　二〇一五年
歴史読本　二〇〇八年一二月　先代旧事本紀　新人物往来社

あとがき

巨大前方後円墳はどのようにして造られたか

巨大前方後円墳は大王、大首長が生前から造りはじめ、ただ一人そこに葬られることは権威者の権利であった。倭国の古墳時代に始まった巨大前方後円墳文化の営みは、大王・大首長の権威・権力を見せるための工夫がされており、宗教的統合の記念物であった。また、倭国が協調して結束するための政治的統合の象徴であった。

巨大前方後円墳は少しずつ変化しているが、強い美しく見せるための構造上の共通性があり、同じく権威を象徴するための形象の共通性がある。それは倭国に大王が存在し、地域には首長が共立された連合国があり、相互に協調しあっていることを示している。それはどこでも同じ墳丘形式を採っているが、同時に大きさに明瞭な階級性を示す差異があった。

倭国はどのように形成されたか

農耕社会が弥生時代なら、古墳時代は農耕文化が進展し、争いを治め生産を促進するために国々では首長が共立され、畿内では大王が共立された。畿内に成立したヤマト王権は中国大陸や朝鮮半島との外交・軍事を取り仕切り、地方の連合国とは協調関係を築いた。

畿内に成立したヤマト王権は当初は奈良県東南部の箸中・大和・鳥見山・柳本古墳郡に散在していたが、次に奈良県北西部の佐紀楯列古墳群に移り、やがて大阪府河内の古市・百舌鳥古墳群へと移動している。各古墳群の中でもさらに散在し移動していた。これはヤマト王権の大王が畿内の地域勢力により共立されており、王朝が交替していることになる。河内に成立した王権も当初は古市⇔百舌鳥と移動していたが、讃・珍・斉・興・武という中国名を持つ倭の五王の時代になると、中国王朝への朝献も再開・継続され、王朝の勢力も強化され、地方の連合国を吸収して統一国家へと発展した。

物部氏の伝承と史実

物部氏はヤマト王権の部民制度として王権により作られた豪族であった。丁未の乱で本宗の大連物部守屋は滅んだが、係累の石上麻呂は太政大臣に出世して、日本書紀に物部氏の祖先伝承を記すよう示唆した。

物部氏は、ヤマト王権に隷属した祭祀、武器の製造、警護の部民の首長から、政権に参加し、軍事的司令官として高い地位を得るまでに、五世紀中葉から六世紀前半まで一世紀に近い歳月を要している。歴史の変遷とともに、職掌が不適となってゆくため、没落する氏族のある反面、その氏族の職能、機能を新時代に適合させ、地位を高めた氏族であった。物部氏は、武器の製造と管理から祭祀へ、さらに軍事、警察司令官へ、最高級の政治的地位へあがったが、やがて王権内の争いにより本宗は滅亡したが、係累は石上氏としてヤマト王権の太政官として残った。

聖徳太子と仏教伝来

聖徳太子については歴史上の人物と評価されているが実態説と虚構説がある。倭国の仏教受容が古墳時代に始まり、飛鳥時代・白鳳時代で花開き文明開化に寄与したことは確かである。聖徳太子は熱心な仏教徒であり、法隆寺を初めとして多くの寺を造った。自分は出家することはなかったが、皇族として仏教を社会に根づかせようとしたことは確かであるが聖人ではなかった。

『日本書紀』の虚飾

『日本書紀』の神武天皇の東遷までの伝承は神話である。第十代の崇神から応神天皇までの説話は同じく物語である。『日本書紀』は何故物語を作ったのか。天皇を中心とした国家形成のプロセスを神話として語ったのは、後の律令社会制度のためである。聖徳太子を聖人と伝承したのは、仏教を国家宗教として、政治構造の礎とするためであった。

追記

本論は、倭国成立のプロセスとして古墳時代中期とされる五世紀から七世紀に係る史実を第三章、第四章で述べている。両章は古代史の専門家の査読を受けた論文であり、論理展開に間違いはない。この後で、三世紀から五世紀に係る史実として第一章、第二章を書いているが、この両章については、事情があって論文にすることができなかったので筆者の書きおろし文である。慎重に調査し、綿密に研究して論理展開にしているので、間違いはないと考えている。しかし、古代史の専門家によるご指摘があったのなら、甘受する用意はある。

筆者は古墳時代の古代史に関してはアマチュアであることは認識していたが、この時代の史実があまりにミステリアスで混乱を究めているように思われたので研究を続けてきた。しかし本論を述べて著作したことで区切とし、筆をおきたい。

2024年8月　跡部　正明

跡部　正明（あとべ まさあき）

1945年、東京都に生まれ。東京工業大学卒業
2005年、日本電気（株）を定年退職
2010年、独立行政法人 宇宙航空研究開発機構で主として非常勤社員の後に定年退職
2013年、一般財団法人 安全保障貿易情報センターで主として嘱託社員
定年退職後のリキッドモダン社会でのシニアの生活記録をホームページとブログに残しています。「キヨヱの山日記」、「じじのアウトドア」、「ナイスシニアのすすめ」の書籍を出版している。
ブログ：キヨヱの山日記　http://kiyoe.seesaa.net
ホームページ：じじの想い出　http://kiyoe.essay.jp/jiji.htm

巨大前方後円墳と倭国形成のプロセス

2024年9月20日　第1刷発行

著　者　　跡部正明

発行人　　大杉　剛
発行所　　株式会社 風詠社
〒553-0001 大阪市福島区海老江 5-2-2 大拓ビル 5 - 7 階
TEL 06（6136）8657　https://fueisha.com/
発売元　　株式会社 星雲社（共同出版社・流通責任出版社）
〒112-0005 東京都文京区水道 1-3-30
TEL 03（3868）3275
印刷・製本　小野高速印刷株式会社

ISBN978-4-434-34669-9 C0021